Claudia Mühlan

Bleib ruhig, Mama!

Die ersten drei Jahre – Tips zur Kleinkind-Erziehung

J ♡
Abby
KTA

Inhalt

Einführung

Kinder sind ein Schatz, und Kindererziehung kann eines der herrlichsten Abenteuer auf Gottes Erdboden sein. Man muß nur die richtige Einstellung haben und bereit sein zu lernen.

Darum geht es mir in diesem Buch. Ich möchte insbesondere die jungen Mütter ansprechen. Es sind nun einmal wir Frauen, die die Kinder zur Welt bringen, stillen und am meisten um die Beine haben. Wir haben die gleichen Fragen und Ziele und werden uns bestimmt auf Anhieb verstehen. Mit dir möchte ich die Zeit der Schwangerschaft und die ersten Lebensmonate bis hin zum dritten Lebensjahr durchgehen, um dir Zuversicht und Ruhe im Umgang mit deinem Kind zu geben. Ja, und dann will ich noch einige Gedanken hinzufügen, wie wir mit Gottes Hilfe belastbarer werden können, um den schönen, aber auch anstrengenden Kinderalltag mit Schwung zu meistern.

Natürlich müssen auch die Väter unbedingt die Nase in dieses Buch stecken, immerhin ist das Kind ja euer gemeinsames Werk!

Eins gleich vorneweg: Es ist noch kein Meister vom Himmel gefallen, erst recht keine perfekte Mutter oder Hausfrau. Hab also Geduld mit dir. So, wie dein Kind heranreift und wächst, kannst auch du reifen und wachsen. So ging und geht es auch mir. Nur habe ich den Vorteil, daß ich schon fast achtzehn Jahre Familie habe, du vielleicht ein oder zwei Jahre. Es wäre ja schlimm, wenn ich dir nicht einige Dinge voraus hätte. Meine große Kinderschar – sechs angenommene und sechs selbstgeborene – hat mich eine Menge an Lebens- und Erziehungsprinzipien gelehrt, die ich praktiziere und an dich weitergeben möchte.

*

Ganz dankbar bin ich Knut Adler für die gelungenen Illustrationen und Eberhard, meinem Mann. Ohne sie wäre dieses Buch eine trockene Angelegenheit geworden. Eberhard hat es mir wirklich leicht gemacht. Die Kinder von mir scheuchend, plazierte er mich mit einer Liege in die Sonne, drückte mir ein Diktiergerät in die Hand und vertraute auf meinen Einfallsreichtum.

Aus meinem Kauderwelsch hat er dann ein gutes Deutsch gemacht. (Ich bin beeindruckt von der Art, wie ich mich ausdrücken kann. Freunde, die das Manuskript gelesen haben, beteuern: „Das ist ganz dein Stil, Claudia, wir sehen dich förmlich vor uns stehen und reden!")

Nun gut, so etwas kann auch nur eine Person aufs Papier bringen, die mich bereits mein halbes Leben lang kennt und liebt.

Schwangerschaft und Entbindung

Worauf es ankommt:

▷ Eine Schwangerschaft nimmt mehr Einfluß auf das Leben einer Frau und auf den Embryo, als du vielleicht zunächst angenommen hast.

▷ Menschliches Leben beginnt mit der Zeugung. Eine Frau sollte wissen, was in ihrem Körper vorgeht, und das Kind von Anfang an als eine Gabe Gottes annehmen.

▷ Du hast Verantwortung für zwei. Dein Lebensstil hat Einfluß auf die Gesundheit und die seelische Verfassung des Ungeborenen.

▷ Freue dich auf das Kind. Leg dich nicht auf das Geschlecht fest, nimm es an, wie Gott es dir gibt.

▷ Eine Schwangerschaft ist nicht immer leicht. Entscheide dich trotzdem, sie zu genießen! Bewahre dir die Vorfreude, und gönn dir etwas Gutes.

▷ Bereite dich Schritt für Schritt auf die Entbindung vor: Nimm an einer Schwangerschaftsgymnastik teil. Laß dich von erfahrenen Müttern beraten. Such eine Hebamme und ein Krankenhaus deines Vertrauens.

▷ Stöhne nicht zuviel. Eine Schwangerschaft kann beschwerlich sein, aber sie dauert nur neun Monate. Mit einer zuversichtlichen Einstellung kommst du besser über die Runden.

Mit dem Ungeborenen leben

Mein Thema ist die Kleinkind-Erziehung bis zum Ende des dritten Lebensjahres. Aber ich möchte noch früher einsteigen, nämlich mit der Schwangerschaft. Menschliches Leben beginnt mit der Zeugung. Eine Frau sollte wissen, was in ihrem Körper vorgeht, und das Kind von Anfang an als eine Gabe Gottes annehmen.

Bei meinen ersten Kindern wußte ich darüber leider nicht richtig Bescheid. Ich hatte zuviel anderes um die Ohren, außerdem hatte mich auch keiner darauf neugierig gemacht. Dabei ist es doch spannend zu wissen, wie groß das Kind ist, ob es bereits die Hände bewegen, die Augen öffnen und schließen kann oder was es sonst auch immer in deinem Körper anstellt.

Ich will dich jetzt nicht mit medizinischen Details überhäufen – die kannst du in Fachbüchern nachlesen –, aber doch einige Dinge aufzählen, die mich während meiner späteren Schwangerschaften regelrecht begeistert haben. Schade, wenn man sie nicht weiß!

Lange Zeit meinten Ärzte, ein Kind lebe im Mutterleib in einer vollkommen erfahrungslosen Welt. Man stellte sich die Gebärmutter als einen stockfinsteren, totenstillen Raum vor, in dem das Kind in totaler Empfindungslosigkeit heranreift. Erst mit Hilfe moderner

Techniken hat man mehr über die Sinneswahrnehmungen im Uterus erfahren.

In deiner Gebärmutter ist es alles andere als still. Dein Herzschlag dröhnt laut und beständig. Hinzu kommen deine Darm- und Magengeräusche. Wenn du wissen willst, wie dein Kind sie vernimmt, dann steck nur einmal deinen Kopf in einer leerlaufenden Badewanne unter Wasser. Jetzt weißt du Bescheid!

Selbst Geräusche von außen nimmt es wahr. Ganz be-

...und das Kind hört alles mit

sonders deutlich natürlich deine Stimme, denn das Skelett und die Körperflüssigkeit sind gute Schalleiter. Mit deiner Stimme ist dein Kind nach der Geburt am vertrautesten. Es hat sie in etwas verzerrter Form bereits kennengelernt und wird sie schnell von anderen Stimmen unterscheiden können. Das haben Tests mit Neugeborenen ergeben.

Das ungeborene Kind nimmt auch den Unterschied zwischen Hell und Dunkel wahr, vor allem in den letzten Monaten, wenn deine Bauchdecke sich ausgeweitet hat und damit dünner geworden ist und mehr Licht durchläßt. Ziehst du dich bei Lampenlicht aus, oder stellst du dich mit nacktem Bauch in die Sonne, dürfte es innen leicht rosa schimmern. Wie eine Pflanze wird sich dann dein Kleines zum Licht drehen!

Ähnlich ist es mit dem Geschmackssinn. Da das ungeborene Kind ständig schlückchenweise Fruchtwasser trinkt, unterscheidet es auch Geschmackszusätze. Schon vor vierzig Jahren beobachtete ein Arzt, der Frauen bei einer Behandlung den Süßstoff Saccharin ins Fruchtwasser spritzte, daß der Fötus mehr als normal trank. Ganz anders reagiert er zum Beispiel bei einem Röntgenkontrastmittel: Es muß abscheulich schmecken, denn der Fötus trinkt deutlich weniger Fruchtwasser.

Solche Forschungsergebnisse beeindrucken mich und lassen mich das Werden und Wachsen in meinem Leib viel besser verstehen und ertragen. Phantastisch, daß mein Kind schon im Mutterleib meine Stimme hört! Ich kann ihm etwas vorsingen, ihm etwas erzählen und mit ihm beten. Gleichzeitig registriert es jedoch auch, wenn ich mißmutig vor mich hinschimpfe oder mich gar mit meinem Mann streite. Mein aufgebrachter Puls wird dröhnen wie eine Dampfmaschine, die kurz vor dem Explodieren ist.

Ich sorge auch nicht mehr für mich allein. Jetzt sorge ich für zwei! Alkohol wird den Kleinen genauso benebeln wie mich, und Nikotin wird sein kleines Herz zum Rasen bringen.

Wenn ich das so schildere, wünsche ich mir, daß du einerseits die Verantwortung spürst, die dir für das neue Leben übertragen wird, aber andererseits in dir auch große Freude aufbricht über das intensive Zusammenleben mit deinem Kind in deinem Leib, so daß du kaum noch abwarten kannst, bis du es endlich in den Armen hältst. Die Vorfreude sollte alle Unbequemlichkeiten und Schmerzen bei weitem überdecken. So war es bei mir, und so wünsche ich es dir!

Freue dich auf dein Kind

Ich bin immer glücklich, wenn ich junge Mütter und Väter sehe, die sich richtig auf ihr Kind freuen und es aus Gottes Hand nehmen. Dies ist keine Selbstverständlichkeit in einer Zeit, in der viele Paare sich ohne Kinder ihr Glück zimmern. Zu einem richtigen Test kann es werden, meldet sich ein ungeplantes Kind an; selbst wenn es schwerfällt – akzeptiere auch dieses Kind, es hat deine Liebe und Fürsorge verdient!

Ich halte in meinem Herzen immer eine Stelle frei für ein Überraschungsbaby. Den Kampf zwischen Ablehnung und Annahme, den ich manchmal bei anderen Frauen beobachte, möchte ich mir ersparen.

Ich habe mich in meinen Wünschen auch nie auf das Geschlecht festgelegt. Es ist schon blöd, wenn laufend andere kommen und sticheln: „Na, was willst du haben? Einen Jungen oder ein Mädchen?“, oder: „Jetzt wird es ja wohl Zeit, daß du einen Jungen (ein Mädchen) bekommst.“

Meine Anwort lautete ganz cool: „Es kommt, wie es kommt!“ Und damit war für mich das Kapitel abgeschlossen. Was bringt es auch, wenn du dich auf ein Geschlecht versteifst, und dann kommt es doch anders. Den „Kater“ und die Annahmeschwierigkeiten kannst du dir nun wirklich ersparen, indem du die Geschlechterfrage in Gottes Händen läßt.

Nun ist eine erste Schwangerschaft etwas vollkommen Neues. Fast jede Erstschwangere kennt Phasen, in denen Ängste aufbrechen: „Verhalte ich mich jetzt richtig? Wird mein Baby auch wirklich gesund sein? Wie schmerzhaft wird das Ganze werden? ...“

Dann ist es nur gut, andere, erfahrene Frauen um sich zu haben, die man fragen kann und die aus ihrer Erfahrung berichten. Melde dich bei einer Schwangerschaftsgymnastik an. Das hält dich fit und hilft dir, dich besser auf die Entbindung einzustellen und die richtige Atemtechnik zu lernen. Außerdem triffst du dort auf Gleichgesinnte und kannst eine Menge Fragen mit ihnen durchsprechen. Jede Schwangerschaft verläuft anders, und immer brechen neue Probleme auf.

Paß allerdings ein wenig auf! Ich stoße immer wieder auf Frauenklüngel – entweder junge, unerfahrene oder unreife Frauen –, die einen wahren Dienst der „Entmutigung“ versehen und regelrechte Gruselgeschichten über Schwangerschaften und Entbindungen erzählen. Nach solch einer „Beratung“ kann dich wirklich die Angst packen!

Nicht soviel stöhnen

Nun gut, ich weiß selbst, daß Schwangerschaften mühevoll und zeitweise auch schmerzhaft sein können, und die Entbindung ist auch kein Kinderspiel. Aber trotz allem habe ich mir gesagt: „Das Ganze dauert neun Monate, und dann ist es überstanden!“ So ist es mir gelungen, mich mehr auf das Kind zu freuen, als trüben Gedanken nachzuhängen oder ständig zu stöhnen. Ja, ich lernte die Schwangerschaft zu genießen, auch wenn manch eine nicht so leicht war.

Von meinen sieben Schwangerschaften waren eigentlich nur die ersten vier problemlos. Bei dem ersten Kind war ich bis zum Mutterschutz berufstätig und konnte ohne Schwierigkeiten fast alles tun wie zuvor – einfach, weil ich mich auch nicht so behäbig fühlte wie bei späteren Schwangerschaften. Die letzten drei Schwangerschaften dagegen waren mit viel Schwierigkeiten und viel Bangen verbunden. Ich kann Mütter voll verstehen, die Komplikationen haben und sich fragen: „Wie soll ich das nur überstehen, und wie soll der Haushalt weitergehen?"

Wochenlang mußte ich wegen Blutungen fest liegen – und das bei zehn munteren Kindern im Haus! Da nicht den Mut zu verlieren, ist ein geistlicher Lernprozeß, den man möglichst schon vorher, in Zeiten, wo es einem gutgeht, durchstehen sollte. Eine Fehlgeburt, die leider nicht zu verhindern war, hatte mich vorsichtig gemacht und auch neu gezeigt, welche Verantwortung ich meinem eigenen Körper gegenüber und dem Kind darin habe. Zumindest teilweise habe ich es in der Hand, ob dieses Leben weiterwachsen wird oder nicht. Hätte ich mich nicht strikt an die Anweisung meines Arztes gehalten und konsequent gelegen, hätte ich vielleicht auch die letzten Kinder verloren.

So thronte ich also im Wohnzimmer auf dem Sofa und führte von dort aus Regie. Nur gut, daß die Krankenkasse für solche Notfälle eine Haushaltshilfe bezahlt. Die kannst du dir übrigens selbst aussuchen, in der Regel sind die Kassen sogar dankbar dafür.

Ich hatte meistens ein junges Mädchen aus unserer Gemeinde, das sich damit sein Taschengeld aufbesserte. Da lag ich nun – ich, die ich so gern durchs Haus wirbele und meine Hausarbeit liebe! – und mußte aufpassen, daß ich mich geistlich nicht runterziehen ließ, sondern trotz allem in Gott geborgen fühlte. Entschieden konzentrierte ich mich auf die positive Seite: So viel Zeit zum Beten und Bibellesen hatte ich vorher garantiert nicht. Auch andere Bücher kamen nicht zu kurz. Eberhard konnte kaum für Nachschub sorgen. Naja, und die Telefonrechnung war in solchen Monaten auch beträchtlich höher ...

Endlich konnte ich einmal besser auf die einzelnen Kinder eingehen. Ich hatte richtig Zeit für ihre Schularbeiten, konnte ihnen lange zuhören und Geschichten vorlesen. Nur bei ihren Streitereien hockte ich hilflos in den Polstern, was die Kleinsten recht schnell auszunutzen verstanden.

Und Eberhard lernte meine Aufgabe als Hausfrau und Mutter so richtig bewundern. Obwohl er sich schon immer gut in die Familie eingegeben hatte, stellte er für diese Zeit seine Arbeit um, und vereint mit den ältesten Kindern schmiß er den Laden.

Hinterher, wenn ich das Kind gesund im Arm hielt, war alles überstanden. Was zählen dann noch die qualvollen Monate! Hier ist ein neues Leben, das sich quäkend bedankt!

Gönn dir etwas Gutes

Du solltest darauf achten, daß du deinen Körper nicht zu sehr belastest, und meide unbedingt schädliche Dinge, wie Nikotin, Alkohol und zu große Aufregung. Vergiß nicht – dein Lebensstil während der Schwangerschaft hat schon einen gewissen Einfluß auf die Gesundheit und die seelische Verfassung des Ungeborenen.

Gönn dir zur Belohnung auch etwas Gutes. So habe ich es in jeder Schwangerschaft gehalten. Immer wollte ich mal zur Kosmetikerin gehen. Meinst du, ich habe es zeitlich geschafft? Aber in der Schwangerschaft ... Geruhsam habe ich mich dorthin gerollt und „bearbeiten" lassen. Jetzt ist mein letztes Kind schon drei Jahre alt, und ich war seither nicht wieder im Kosmetiksalon. Entweder, ich nehme mir endlich einmal die Zeit, oder …

Wozu hast du Lust? Vielleicht eine Freundin zu besuchen oder in einem Straßencafé zu lümmeln oder schön auszuschlafen? Es ist nur richtig, wenn du dir in dieser beschwerlichen Zeit auch einmal etwas Gutes gönnst.

Ein Wort an die Männer

Das werden unsere Männer doch verstehen, oder? Ich hoffe, dein Mann liest ebenfalls das gesamte Buch, immerhin ist das Kind ja eure gemeinsame „Produktion".

Folgende Zeilen sind an die Männer gerichtet: Ich persönlich schätze es, wenn ein Mann, gerade während der Schwangerschaft seiner Frau, besonders rücksichtsvoll und kavalierhaft ist. Dadurch fällt es ihr leichter, diese Zeit zu akzeptieren, ja sogar zu genießen. Nimm deiner Frau die schweren Arbeiten ab! Es darf einfach nicht sein, daß eine schwangere Frau schwer hebt oder schwer arbeitet. Die Schwangerschaft nimmt mehr Einfluß auf deine Frau und auf das ungeborene Leben, als du vielleicht zunächst angenommen hast. Deine Liebe und deine Fürsorge wird es beiden leichter machen.

„Ein Vater kann nichts Besseres für sein Kind tun, als dessen Mutter zu lieben", schreibt Ingrid Trobisch in ihrem Buch „Mit Freuden Frau sein … und was der Mann dazu tun kann", und meint damit nicht erst die Zeit nach der Geburt, sondern auch die Zeit der Schwangerschaft.

Sehr geholfen hat mir, daß sich Eberhard aufgeschlossen gegenüber allen medizinischen wie auch persönlichen Fragen zur Schwangerschaft zeigte. Er hat mir immer geduldig zugehört und Mut gemacht. Sein Mitdenken hat mir Sicherheit gegeben und manche aufwallende Einsamkeitsgefühle im Keim erstickt. Er hat auch immer dafür gesorgt, daß ich meine Ruhezeiten hatte, ganz besonders meinen Mittagsschlaf, und sich viel Zeit für die übrige Kinderschar genommen. Das hat ihn eine gehörige Portion Mehrarbeit und Arbeitsumverteilung gekostet.

Ermutigend war, daß wir die Entbindungen zusammen durchgestanden haben. Vor achtzehn Jahren war das tatkräftige Mitwirken des Ehemannes noch keine Selbstverständlichkeit. Ganz gleich, wo Eberhard sich befand – sobald die Wehen regelmäßig wurden, jagte er, wenn es sein mußte, durch ganz Deutschland, um mir beruhigend und betend die Hand zu halten, auch wenn es manchmal schien, daß seine Augen ängstlicher flackerten als die meinen.

Und einen ganz besonderen Service wage ich kaum zu erzählen, in der Sorge, daß die Mütter Deutschlands zu hohe Erwartungen an ihre Männer stellen könnten: Jede Nacht legte er mir mehrmals das Baby an die Brust. In unserer Ehe bin ich glücklicherweise diejenige, die den ganz tiefen Schlaf hat, und Eberhard ist derjenige mit dem leichten. Es gibt kaum etwas Schöneres, als im Halbschlaf liebevoll ein Baby untergeschoben zu bekommen und das genüßliche Schmatzen und Ziehen zu hören und zu verspüren. Zum Ausgleich habe ich den kleinen „Trunkenbold“ nach dem Stillen gewickelt, aber diese Arbeitsteilung war für mich sehr wohltuend. Nun, so etwas wird nicht jedem Mann leichtfallen, besonders in einer anstrengenden Arbeitswoche. Wie wär's mit solch einem Dienst zum Beispiel am Wochenende, wo du nicht so früh aufstehen mußt? Deine Frau wird ganz glücklich sein, wenn sie auch einmal ausschlafen kann!

Aber ein Mann kann sich auch noch etwas anderes zur Entlastung einfallen lassen. Ein Urlaub in den ersten Tagen oder Wochen kann vieles erleichtern, so daß sich Mutter und Neugeborenes, gerade wenn auch noch Geschwisterkinder da sind, besser einspielen können. Oder eine Hilfe, die für die ersten Monate die groben Putzarbeiten abnimmt; übrigens: Das als Gutschein zur Entbindung präsentiert, wird einen großartigen Eindruck hinterlassen. Du wirst garantiert zum Vater des Jahres ernannt!

Praktische Vorbereitung auf das Kind

Was braucht ein Neugeborenes, um glücklich zu sein? Nicht viel, habe ich im Laufe der Jahre festgestellt.

Dem Säugling ist es letzten Endes egal, wie sein Kinderzimmer aussieht, beziehungsweise, ob er überhaupt eins hat. Er braucht in erster Linie Nahrung, Wärme und Geborgenheit. Das ist das Wichtigste! Es ist noch nicht einmal von Bedeutung, wie das Bettchen aussieht, ob es ein schickes, neues Modell ist oder eine uralte Wiege. Hauptsache, das Kind kann in deiner Nähe sein und Liebe und Geborgenheit spüren. Manche Eltern sind in den Äußerlichkeiten ganz groß und geben eine Menge Geld aus, versäumen aber das Wesentliche, auf das es nun wirklich ankommt.

Also, wenn es euer erstes Kind ist, mach dir für die ersten Lebensmonate nicht zu viel Gedanken. Der Säugling braucht noch kein eigenes Zimmer oder gar seine Spielecke im hinteren Winkel der Wohnung. Zunächst brauchst du einen Wickeltisch und einen gemütlichen Platz zum Stillen. Damit hat es sich für den Anfang.

Selbst unter beengten Wohnverhältnissen kann man sich etwas einfallen lassen. Wir kennen Ehepaare, die haben ihr Ehebett auf ein Podest gestellt und darunter die Wickelecke eingerichtet und das Babybett aufgestellt. Eine andere Mutter hat ihr Baby in einen normalen Weidenkorb gelegt und ihn an Seilen an der Decke aufgehängt. In den verschiedenen Zimmern brachte ihr Mann

Haken an der Decke an, so daß sie das Kind bei ihrer Hausarbeit mitnehmen konnte. Es gibt auch sogenannte Babystühlchen in Form einer Wippe, in die man ein kleines Kind gut hineinlegen und von Zimmer zu Zimmer mitnehmen kann. Allerdings noch nicht in den ersten Wochen.

Da unser Haus ziemlich groß ist, hatte ich in den verschiedenen Etagen Kuschelecken mit Spielsachen auf einem Matratzenlager eingerichtet, wo ich das Baby, wenn ich es nicht in der Wippe bei mir hatte, in Hör- und Sichtkontakt absetzen konnte.

Mit zunehmendem Alter braucht ein Kind sicherlich seinen eigenen Platz, aber ein eigenes Zimmer braucht es in den ersten Monaten noch nicht. Es will bei den Eltern sein. Und fängt es an zu spielen und zu krabbeln, dann ohnehin lieber zu den Füßen der Mutter als in einem extra dafür eingerichteten Kinderzimmer.

Bereite dich auf die Entbindung vor

Für mich als Frau war es auch wichtig, daß ich mich Schritt für Schritt auf die Entbindung einstellte. Als ich mein erstes Kind erwartete, war ich noch sehr jung. Angst hatte ich wenig, freute mich unbändig darauf, endlich den „Wurm“ im Arm zu halten, aber ich wußte auch nicht so recht Bescheid, wie alles abläuft. Logischerweise konnte ich die folgenden Schwangerschaften und Geburten viel mehr genießen. Bei den ersten Entbindungen konzentrierte ich mich hauptsächlich auf meinen Körper, während ich mich bei den späteren mit großer Vorfreude auf das Kind einstellte. Je mehr man über den Ablauf einer Entbindung weiß, um so sicherer und entspannter fühlt man sich. Ich hatte meistens sehr schmerzhafte und langdauernde Entbindungen, aber diese Einstellung half mir. Die Freude auf das Kind war größer als der Schmerz, der vorher durchlitten werden mußte.

Es ist auch sehr hilfreich, wenn eine Frau sich eine Hebamme aussuchen, sie vorher kennenlernen und sich mit ihr unterhalten kann. Meine ersten zwei Kinder habe ich bei einer älteren Dame zur Welt gebracht. Bei den letzten vier Kindern hatte ich eine Freundin als Hebamme. Das waren sehr schöne Erlebnisse.

Deswegen möchte ich dich auch ermutigen, ruhig sorgfältig und hartnäckig nach einem geeigneten Krankenhaus und einer Hebamme zu forschen. Du hast ein Recht darauf. Heutzutage sind die meisten Krankenhäuser – leider noch nicht alle – mit „rooming-in" ausgestattet, so daß das Baby bei dir bleiben kann. Das war bei meinen ersten Geburten noch nicht die Regel.

Wie lange im Krankenhaus?

Ab meinem dritten Kind habe ich es für besser gehalten, nur eine Nacht im Krankenhaus zu bleiben, und bin dann nach Hause gegangen. Meine Freundin, die Hebamme, hat mich weiter betreut. Das habe ich als sehr schön empfunden. Andere genießen es, sich eine Woche im Krankenhaus versorgen zu lassen und weit weg vom eigenen Haushalt zu sein.

Viele schwärmen von einer Hausentbindung. Ich persönlich bin da etwas zurückhaltender. Erstens ist es gar nicht so einfach, einen Arzt zu finden, der dazu bereit ist, und zweitens: Was tun, wenn sich doch plötzlich Komplikationen einstellen? Einer Mutter, die gerade ihr erstes Kind erwartet, würde ich eine Hausentbindung nicht empfehlen, einfach, weil sie noch gar nicht wissen kann, wie sie eine Entbindung durchstehen wird.

Es gibt auch die sogenannte ambulante Entbindung, das heißt, man entbindet im Krankenhaus, bleibt dort, bis die Geburt abgeschlossen ist, also mindestens drei Stunden bis nach der Entbindung, und geht dann nach Hause.

Meine Lösung, auf jeden Fall eine Nacht im Krankenhaus zu bleiben, halte ich für widerstandsfähige und ungeduldige Frauen wie mich für am günstigsten. Mir war es, um des Babys willen, einfach zu riskant, gleich abzudampfen – Neugeborene haben noch recht viel Fruchtwasser in der Lunge. Außerdem wollte ich die erste Untersuchung des Neugeborenen abwarten und deswegen nicht noch einmal extra ins Krankenhaus fahren.

Eine siegreiche Strategie

Wahrscheinlich hast du schon entdeckt, daß ich neben Gebet und Gottvertrauen auch davon spreche, eine optimistische Einstellung zu unserem Körper, zu den Kindern und selbst zu schlaflosen Nächten zu bewahren. Das liegt einfach daran, daß ich es mir zu einem Lebensprinzip gemacht habe, Dinge, die nicht zu ändern sind – und dazu können ein geschwächter Körper oder wenig Schlaf gehören –, zu bejahen und von der positiven Seite zu sehen. Ich habe mir vorgenommen, über Umstände, die nicht zu beeinflussen sind, nicht mehr zu klagen. Ich will sie akzeptieren, und ich weiß, sie gehen mit Sicherheit vorüber, selbst wenn es einmal länger dauern sollte. Gerade deshalb bemühe ich mich, mir in solchen schweren Zeiten etwas Gutes zu gönnen und Zeit zum Gebet wie auch für mich selbst zu finden. In Gesprächen stelle ich immer wieder fest, daß genau das der Fehler mancher Mütter ist: Sie sehen solche herausfordernden Zeiten zu negativ, jammern und klagen und sind nicht bereit, ihre Situation anzunehmen. Ändern können sie es dadurch doch nicht, nur erfolgreich das eigene Leben vermiesen!

In Situationen, die ich beeinflussen kann, reiße ich

mich zusammen und versuche, einen Ausweg zu finden. Aber manche Dinge sind einfach nicht zu ändern. Dazu gehören eine Schwangerschaft, eine schmerzhafte Entbindung und auch schlaflose Nächte.

Ich betone diese Zusammenhänge, weil die Haltung einer Mutter Einfluß auf das seelische Wohlbefinden des Säuglings hat. Bleibe ich gelassen, wird das Kind meinen Frieden und meine Lebensfreude verspüren. Wenn ich allerdings immer nur jammere, stöhne und sauer bin, weil ich nur zwei Stunden Schlaf hatte, so wird sich auch das auf das Kind auswirken – und beide schaukeln sich gegenseitig hoch.

Ich finde es ganz tragisch, wenn eine entnervte Mutter – so verständlich es auch sein mag – ihr kleines Baby, das vielleicht gerade ein paar Tage alt ist, anschreit oder sonstwie herzlos behandelt. Kinder sind eine Gabe des Herrn, und ein Neugeborenes muß genauso würdevoll behandelt werden, wie jeder andere Mensch es verdient.

Das erste halbe Jahr

Worauf es ankommt:

▷ Die ersten Wochen nach der Geburt können kritisch werden. Dein Körper muß sich erholen, dein seelisches Gleichgewicht sich stabilisieren, und alle müssen sich an die neue Situation gewöhnen.

▷ Mit der richtigen Einstellung und einer entsprechenden Information wird fast jede Mutter stillen können. Nimm es dir vor, dein Kind zu stillen; es ist das Beste, was du einem Neugeborenen antun kannst!

▷ In den ersten Lebensmonaten lernt ein Kind die so existentiell notwendige Urgeborgenheit. Dazu gehören eine friedvolle Umgebung, viel Körperkontakt und ein Eingehen auf die Bedürfnisse des Neugeborenen.

▷ Ein Neugeborenes schreit, weil ein existentielles Bedürfnis vorliegt. Laß es grundsätzlich nicht über längere Zeit schreien. Finde die Ursache heraus, und tröste es.

▷ In den ersten fünf bis sieben Monaten kann ein Baby nicht durch zuviel Fürsorge verwöhnt werden!

▷ Verzichte auf einen Laufstall. Nimm den Säugling lieber mit dir mit, auch bei der Hausarbeit. Erzähle ihm etwas, singe und scherze mit ihm. Ein Baby möchte sich da aufhalten, wo der Rest der Familie ist.

Ein Baby macht mehr Arbeit, als sich manch einer vorstellt

Endlich hast du den kleinen, zerbrechlichen Schatz in deinen Armen. Das hat einige Mühen und Schmerzen gekostet, aber die sind jetzt vergessen! Ein neuer Lebensabschnitt beginnt – für das Baby, für dich und für deine Ehe.

Euer Alltag wird sich gehörig verändern. Berufsleben als Mutter? Zunächst einmal ade, wenn ihr dem Kleinen wirklich Geborgenheit geben wollt! Ungebundenes Eheleben? Hmm, das Baby wird euren bisherigen Arbeits-, Freizeit- und Schlafrhythmus tüchtig durcheinanderbringen. Stell dich darauf ein!

Ein kleines Baby macht viel Arbeit, mehr als sich manch einer vorstellt. Es wird Tage geben, da meinst du, das Leben bestehe allein aus Babyfüttern, Windeln wechseln und Herumtragen eines Schreihalses. Und das auch noch Tag und Nacht.

„Hilfe! Worauf habe ich mich eingelassen?“ stöhnst du.

Einstellungssache! Wie ich schon gesagt habe: Nimm es als Herausforderung. Auch dieser Zeitraum ist überschaubar. Ein zufrieden vor sich hin gurrendes Baby, das sich wohlig bei dir einschmiegt und sein ganzes Vertrauen auf dich setzt, ist diese Mühe allemal wert.

„Heulendes Elend“ – muß das sein?

Aber zunächst einmal mußt du dich an die neue Situation gewöhnen. Die körperliche Anpassung der Mutter nach der Geburt dauert mehrere Wochen. Du mußt sowohl deine körperlichen wie auch deine emotionalen Reserven mobilisieren. Manch eine Mutter schläft zunächst einmal schlecht, hat keinen Appetit und muß ständig um ihre Beherrschung ringen.

Vielleicht hast du schon einmal von einer sogenannten „Wochenbett-Depression“ gehört. Oder du selbst hast so etwas erlebt und warst ganz erschrocken darüber. Ich muß sagen, ich kenne das auch. Bei meinen ersten zwei Kindern bekam ich am zweiten oder dritten Tag das heulende Elend, einfach, weil sich der Körper wieder umstellte und die ganze Anspannung und Aufregung vorüber war.

Eine „Wochenbett-Depression“ ist im wesentlichen hormonbedingt. Dies zu wissen, läßt das Ganze besser überstehen. Mach dir bewußt, daß diese Zeit vorübergeht, oft nur wenige Tage andauert und auch nicht grundsätzlich eintreten muß. Gerade wenn eine junge Mutter stillen kann, glücklich und ausgefüllt ist und wieder Verantwortung für ihren Haushalt übernimmt, wird sie schnell darüber hinwegkommen. Weil manche eine „Wochenbett-Depression“ als sehr bedrohlich und nahezu unabdingbar hinstellen, möchte ich betonen, daß ich sie nur bei den ersten Kindern erlebt habe und dann nie wieder.

Geholfen hat mir auch zu wissen, daß hormonelle Zusammenhänge dahinterstehen und nicht meine Schuld oder womöglich Sünde, und daß es wieder vorübergeht. Hätte man es mir gleich so erklärt, wer weiß, ob ich überhaupt das „heulende Elend“ bekommen hätte. Wenn dann der eigene Mann in dieser Situation hilfreich und verständnisvoll zur Seite steht, geht sowieso alles leichter. Stimmt's?

Übernimm dich nicht

Du wirst feststellen – besonders, wenn es dein erstes Kind ist –, daß es gar nicht so einfach und so leicht ist, sich plötzlich um den kleinen Erdenbürger zu kümmern. Du wirst dich unsicher fühlen und Fragen über Fragen haben. Vielleicht kommst du auch nicht so schnell auf die Beine, wie du ursprünglich gedacht hast. Ausgerechnet bei meinem letzten Kind, für das ich so lange gelegen hatte, war ich ruckzuck wieder auf den Beinen, fast, als wenn nichts gewesen wäre. Und ich erinnere mich, wie ich bei früheren Kindern ganz schön lange brauchte, bis ich wieder fit war. Das kann also sehr unterschiedlich sein. Nimm es so, wie es kommt, und plane nicht gleich zuviel ein. Jetzt solltest du das anfängliche Zusammenleben mit deinem Säugling genießen.

Ja, genießen, selbst wenn zunächst einmal die „Zeit der kleinen Augen“ kommt. Was wird da nicht manchmal lamentiert und gestöhnt! Aber ich meine, auch das muß nicht sein. Du wußtest doch schon vorher, daß ein Neugeborenes eine Mutter ganz fordert und sie Tag und Nacht zur Verfügung stehen muß.

So ist es wiederum deine Entscheidung, diese Zeit nicht nur über die Runden zu bringen, sondern sie auszukosten. Preise den Herrn für das Kind, und stelle dich auf sein Wort: „Er gibt dem Müden Kraft, und dem Ohnmächtigen mehrt er die Stärke. Jünglinge ermüden und ermatten, und junge Männer straucheln und stürzen. Aber die auf den Herrn hoffen, gewinnen neue Kraft: sie heben die Schwingen empor wie die Adler, sie laufen und ermatten nicht, sie gehen und ermüden nicht“ (Jesaja 40, 29-31).

Laß alles andere langsam anlaufen. Der Hausputz ist nicht gleich dran. Jetzt kommt es darauf an, daß ihr beide wieder in Gang kommt.

Meine Freundin erzählte mir von einem großartigen

Geschenk. Zur Entbindung ihres vierten Kindes erhielt sie von ihren Eltern einen größeren Geldbetrag. Ihre Mutter betonte ausdrücklich: „Mädchen, das Geld ist nur für eine Haushaltshilfe! Damit du es in den ersten Monaten leichter hast.“

Die Idee fand ich so gelungen, daß ich sie hier einflechte in der Hoffnung, daß sie viele Nachahmer findet. Eine junge Mutter braucht zunächst einmal wirklich Zeit für sich und das neue Baby.

Erste Stillversuche

Den Wert des Stillens braucht man heute glücklicherweise nicht mehr so stark zu verteidigen wie zur Zeit meines ersten Babys Anfang der siebziger Jahre . Das liegt auch darin begründet, daß es wieder „in“ ist zu stillen. Deswegen ist die ganze Angelegenheit aber nicht leichter geworden. Viele junge Mütter haben eine zu romantische Vorstellung vom Stillen, informieren sich nicht richtig und begehen einige Grundfehler. Ist die entsprechende Menge Milch nicht gleich da, geben sie auf.

Ich habe bei meinen sechs selbstgeborenen Kindern unterschiedliche Erfahrungen gemacht. Die ersten zwei habe ich trotz großer Mühe nur drei Monate stillen können, dann war keine Milch mehr da. Beim dritten Kind mußte ich wegen einer schweren Brustentzündung aufhören. Aber die nächsten habe ich dann jeweils ein volles Jahr stillen können.

So muß es dir natürlich nicht ergehen. Ich bin mir sicher: hätte mich damals bei meinem ersten Kind eine erfahrene Mutter richtig informiert und immer wieder ermutigt, nicht aufzugeben, es hätte von Anfang an geklappt. Einiges von dem, was ich mühevoll gelernt habe, möchte ich dir mitgeben.

Nichts geht über Muttermilch

Zunächst einmal zu den medizinisch nachgewiesenen Vorteilen der Muttermilch: Im Vergleich zur Milchfertignahrung besitzt Muttermilch „nicht nur ein anderes Verhältnis von Eiweiß, Fett, Kohlehydraten und Mineralstoffen, sondern ist auch besonders reich an Antikörpern, wodurch gestillte Kinder gegenüber Erkrankungen wesentlich weniger anfällig sind. Die beiden häufigsten Ursachen für Gedeihstörungen im Säuglingsalter – Ernährungsstörungen und infektiöse Erkrankungen – treten bei gestillten Kindern nur in ganz geringem Ausmaß auf. In einer vergleichenden Untersuchung von gestillten und nichtgestillten Kindern wurde festgestellt, daß im Zeitraum von der Geburt bis zum zehnten Lebensjahr Flaschenkinder viermal mehr an Infektionen der Atemwege, zwanzigmal mehr an Durchfallerkrankungen und zweiundzwanzigmal häufiger an Infektionen anderer Art erkrankten. Die Unnachahmlichkeit von Muttermilch wird von führenden Kinderärzten und Ernährungsphysiologen immer wieder hervorgehoben" (*Schetelig, Entscheidend sind die ersten Lebensjahre,* Herder 1988, S. 22).

Dies sind in meinen Augen die wichtigsten Argumente fürs Stillen. Und wer weiß, wie anstrengend ein krankes Baby sein kann, wird diesen Vorteil unbedingt berücksichtigen wollen. Hinzu kommt, daß du eine Menge Geld sparst. Milchpulver ist nicht gerade billig, ebenso der Wärmehalter und das Sortiment von steril zu haltenden Flaschen und Nuckeln.

Muttermilch paßt sich dem Baby an. Mit dem Heranwachsen des Kindes wird sie gehaltvoller. Was die Nahrung betrifft, kannst du letzten Endes nichts falsch machen; beim „Pulvermischen" kann dir das schon eher passieren.

Zwar ist das Kind auf die Mutter und umgekehrt die

Mutter auf das Kind angewiesen, aber dafür kannst du es problemlos überallhin mitnehmen und jederzeit versorgen, was sich insbesondere bei unternehmungslustigen Familien auszahlt.

Der Anfang ist wichtig

Heute weiß man, daß praktisch jede Frau ihr Kind stillen kann, wenn sie das will und es von Anfang an richtig anlaufen läßt.

Schon in der Schwangerschaft kannst du dich aufs Stillen vorbereiten, indem du die Brustwarzen und ihre Umgebung abhärtest. Dazu solltest du die Brust gegen Ende der Schwangerschaft täglich kalt waschen oder duschen und mit einer weichen Bürste massieren.

Nach der Entbindung, während der Tage im Krankenhaus, wird es stillwilligen Müttern je nach Personal nicht immer leicht gemacht. Noch im Kreißsaal, möglichst früh nach der Geburt, sollte das Neugeborene zum ersten Mal an der Brust saugen. Nur zu dieser Zeit hält die Mutter in der zuerst gebildeten, gelblichen Vormilch besondere Immunstoffe gegen Infektionen des Säuglings bereit.

„Schon etwa dreißig Minuten nach der Geburt erreicht der Saugreflex des Neugeborenen einen ersten Höhepunkt, um dann erst wieder vierzig Stunden später in gleicher Intensität vorhanden zu sein. Will man diese gegenseitige biologische Bereitschaft der Mutter und des Säuglings ausnutzen, muß man allerdings berücksichtigen, daß der Mutter unter der Geburt verabreichte Medikamente sich nachteilig auf die Saugbereitschaft des Kindes auswirken können. Säuglinge stark medikamentierter Mütter saugen langsamer und mit geringerem Druck. Die Trinkschwäche von Babys läßt sich also in einigen Fällen auf eine zu starke Medikation der Mutter zurückführen; andererseits aber auch darauf, daß Kinder zu spät zum Stillen angelegt werden, nämlich erst dann, wenn die anfängliche Saugbereitschaft bereits wieder verloschen ist" (*Schetelig,* S. 23).

Auch in Krankenhäusern mit „rooming-in" wird das Kind nachts häufig noch für etwa acht Stunden in den Babyraum gebracht mit der Begründung, die Mütter in Ruhe schlafen zu lassen. Dort füttern die Schwestern das Kind meistens zwischendurch, es sei denn, du bestehst darauf, zum Stillen geweckt zu werden. Wenn das Kind tagsüber bei der Mutter liegt, gibt es in vielen Krankenhäusern trotzdem feste Stillzeiten. Die Schwester kommt vor dem Stillen, wiegt das Kind, eilt nach dem Stillen herbei, legt es wieder auf die Waage. Diese Prozedur verunsichert manche junge Mutter oder stellt sie unter Leistungsdruck, was die Stillfähigkeit nicht gerade fördert. Hat das Baby nicht entsprechend zugenommen, wird wiederum nachgefüttert, und die Mutter meint irrtümlicherweise, sie hätte nicht genug Milch.

Einige Grundregeln zum Thema „Stillen"

Nun, den Arbeitsstil eines Krankenhauses wirst du nicht ändern können. Aber auch nach einer Woche Krankenhausaufenthalt – selbst nach einem Kaiserschnitt – ist es noch nicht zu spät, das Stillen zu lernen.

Hier einige Grundregeln:

– Die Milchproduktion wird gefördert, indem du dein Kind anlegst. Leg deswegen dein Baby so häufig wie möglich an, wenn du den Eindruck hast, du hättest nicht genug Milch. Es ist ganz verkehrt, zusätzlich die Flasche zu geben. Dir hilft es nicht weiter, und dein Baby lernt, daß es einfacher ist, aus der Flasche zu trinken, und wird noch unzufriedener. Zufüttern bei Neugeborenen ist für viele Mütter der Anfang vom Ende des Stillens.

– Das Neugeborene muß gestillt werden, wann immer es Hunger hat. Eigentlich ganz logisch. Aber auch mir hatte man damals beigebracht, das Kind nach der Uhr zu stillen, egal ob es schrie oder nicht, frei nach dem Motto: „Schreien stärkt die Lungen!" Und Woche für Woche hatte ich weniger Milch. Laß dein Baby entscheiden, wann und wieviel es trinken will – auf jeden Fall in den ersten Lebenswochen. Manche Mütter übersehen, daß ein Stillkind viel schneller verdaut und eventuell nach gut eineinhalb bis zwei Stunden wieder angelegt werden muß. Das ist zunächst einmal anstrengend, aber mit der Zeit klappt es besser und besser, und die Zeitabstände vergrößern sich. Nach einiger Zeit spielt sich oft von selbst ein bestimmter Rhythmus ein. Manches Baby schläft nachts länger durch, einfach weil es ganz ruhig in der Wohnung ist. Du kannst auch versuchen, den Schlafrhythmus etwas zu steuern, indem du es tagsüber zu den Mahlzeiten weckst, dann schläft es vielleicht länger, wenn es nicht gestört wird, also in der Nacht. Das mußt du einfach ausprobieren. Jedes Baby reagiert da anders.

Der Kinderarzt Brazelton schreibt dazu: „Wenn die Mutter sich mit den Fütterungszeiten ausschließlich nach den Wünschen des Babys richtet, dann überläßt sie ihm die Wahl, welchen Teil des 24-Stunden-Zyklus es sich zum Schlafen aussucht. In meinen Augen ist das eine ganz unnötige Selbstquälerei. Nur selten ist ein Baby nicht bereit, sich anzupassen und mit einer langen Schlafzeit in der Nacht zufrieden zu sein, was gleichzeitig ein Segen für die ganze Familie ist. Aber natürlich muß die Mutter einige Anstrengungen machen, um das zu erreichen" (*Brazelton, Babys erstes Lebensjahr,* dtv 1987, S. 114).

– Das Baby muß bei jedem Stillen an beiden Seiten angelegt werden. Dadurch werden beide Brüste in kurzen Abständen zur Milchbildung angeregt. Die erste Brust darf das Baby leer trinken. Nach zehn bis zwanzig Minuten (in den ersten Tagen schon früher) wird es von der Brust gelöst, indem du einen Finger zwischen Mundwinkel und Brustwarze schiebst. Dann darf sich das Baby an der anderen Brust satt trinken. Auf dieser Seite beginnt dann die nächste Mahlzeit. Als ich das kapiert und befolgt hatte, bereitete mir das Stillen keine Schwierigkeiten mehr.

– Baby und Mutter brauchen zum Stillen Zeit und Ruhe. Bei einem lebhaften Kind ist es ratsam, sich in eine „langweilige" Ecke zu setzen oder sogar den Raum etwas abzudunkeln. Das Stillen fällt schwer, wenn die Mutter nervös, gestreßt oder überängstlich ist oder wenn sie sich immer wieder stören läßt. Vor allem macht es manche Mutter nervös, wenn sie ihr Baby – wie man ihr das vielleicht empfohlen hat – vor und nach dem Stillen abwiegt. Machst du dir um die Gewichtszunahme deines Babys Sorgen, dann wiege es einmal täglich zur gleichen Zeit. Ansonsten reicht ein wöchentliches Wiegen.

Nimm dir also bewußt Zeit zum Stillen! Nun habe ich ja einen großen Haushalt zu führen, trotzdem lernte ich, die Zwangspausen beim Stillen richtig auszukosten. Ganz gleich, was gerade zu tun war, jetzt *mußte* ich mir Zeit nehmen. Da war die Versuchung, meine Flaschenkinder „zack, zack!" zu füttern oder die fertige Flasche jemand anderem in die Hand zu drücken, viel größer. Das Stillkind konnte mir keiner abnehmen! So fand ich Ruhe, und das Baby kam voll auf seine Kosten.

Manchmal dachte ich zunächst: „Ausgerechnet jetzt muß die Kleine kommen!" Aber hatte ich sie erst einmal auf dem Arm und an der Brust, dann genoß ich es. In unserem Spielzimmer stand mein ganz bequemer, sogenannter Stillsessel. Da thronte ich inmitten der spielenden Kinder und lauschte dem zufriedenen Glucksen und Grunzen meiner Jüngsten. Ich habe auch fast immer eine

Stunde gebraucht, bis das Kind fertig gestillt, sauber und gewickelt war. Gewickelt wird normalerweise nach dem Stillen, wenn jedoch der Säugling beim Trinken einschläft, dann wickele ihn zum Munterwerden zwischendurch.

Ansonsten tat ich voll meine Arbeit. Das hat meine Milchproduktion nicht beeinträchtigt. Die Forderung nach eigener Ruhe kann auch übertrieben werden. Noch wichtiger sind in meinen Augen die richtigen Informationen, eine positive Einstellung zum Stillen und Ausgeglichenheit.

Die ersten sechs bis acht Wochen sind für mich die kritischste Zeit gewesen. Das habe ich auch von anderen stillenden Müttern bestätigt bekommen. Wenn man diese Zeit erst einmal überstanden hat, dann ist man aus dem Druck heraus und weiß genau: „Jetzt kann ich so lange stillen, wie ich nur will."

Ich mußte am Anfang auch sehr fürsorglich mit meinen Brustwarzen umgehen. Bei einem Kind hatte ich erste Entzündungen nicht so ernst genommen und bekam eine schwere Brustentzündung, so daß nicht mehr ans Stillen zu denken war.

In den ersten Wochen hatte ich auch den Eindruck, eine sehr volle und auslaufende Brust zu haben. Ein Tip: Halte dir die andere Brust zu, während das Kind an der einen Seite trinkt. Das ist ein ganz normaler Vorgang. Nach sechs bis acht Wochen wird sich deine Brust nicht mehr so prall und fest anfühlen, und du kannst auch wieder einen ganz normalen BH tragen, den du zum Stillen hoch- oder runterziehen kannst. Dann wirst du dich auch schon viel wohler fühlen.

Eigene Ernährung

Ganz wichtig für eine stillende Mutter ist, daß sie viel trinkt. Das heißt, du mußt über deinen Durst hinaus trinken – ein bis drei Liter täglich. Das müssen nicht unbedingt kalorienhaltige Sachen sein, Wasser oder Tee reichen aus. Übrigens, die meisten vollstillenden Mütter leiden unter Eisenmangel. Laß dies von deinem Arzt überprüfen, und nimm gegebenenfalls Eisentabletten.

Du wirst bald feststellen, was du alles essen darfst. Manche Säuglinge vertragen keinen Kohl und bekommen schmerzhafte Blähungen, andere dagegen reagieren unangenehm auf Orangen oder überhaupt auf Zitrusfrüchte, was sich an einem wunden Po zeigt. Ich machte mit meinen Säuglingen ganz unterschiedliche Erfahrungen. Der eine war empfindlich, und ich mußte vorsichtig sein, und bei dem anderen konnte ich bedenkenloser essen.

Aber denk daran: Alles, was du zu dir nimmst, geht in die Muttermilch. Zum Beispiel sind Kaffee oder Wein nur in Maßen erlaubt.

Zufüttern

Spätestens ab dem sechsten Monat braucht dein Kind Zusatznahrung. Manch eine Mutter verkündet stolz, sie stille ihr Baby mit acht Monaten immer noch voll, dabei übersieht sie, daß das Kleine an Eisenmangel leiden könnte. Spätestens ab dem sechsten Monat hat das Kind nämlich den körpereigenen Eisenvorrat aufgebraucht. Deswegen müssen jetzt unbedingt zusätzlich zum Stillen Gemüse und Fleisch zugefüttert werden. Natürlich kann man auch schon vorher, ab dem 4. Monat, Milchbrei geben.

Stillen in der Öffentlichkeit

Wenn du in der Öffentlichkeit stillst, so meine ich, solltest du darauf achten, daß du nicht zu viel aufknöpfen mußt und zu freizügig bist. Nicht für jeden ist der Anblick einer stillenden Mutter das richtige. Ich habe mich meistens abseits gesetzt, da ist es ohnehin ruhiger, und grundsätzlich etwas angehabt, was ich nur kurz hochzuschieben brauchte.

Eine sehr schöne Gepflogenheit ist auch, ein ganz leichtes Tuch über die Brust und das trinkende Kind zu legen.

Wieviel Monate lang stillen?

Das ist eine heißdiskutierte Frage unter stillenden Müttern. Inzwischen habe ich zu einer persönlichen Meinung gefunden, die ich dir mitteilen möchte: Stille dein Kind nicht länger als bis zu zehn/zwölf Monaten. Viele Kinder wollen in dem Alter schon gar nicht mehr so richtig. Andere gewöhnen sich mit der Zeit so sehr daran, daß die Mutter nicht mehr aufhören kann. Es ist also wichtig, den richtigen Zeitpunkt zum Abstillen zu finden.

Ich bin mehreren Müttern begegnet, die zwei, drei, sogar vier Jahre lang gestillt haben! Aber nicht, weil sie es so großartig fanden, nein, weil sie den Absprung verpaßt hatten und nicht wußten, wie sie aufhören sollten. Das ist schon ein seltsames Bild, wenn ein dreijähriges Kind angeflitzt kommt: „Mutti, ich will trinken!" und ihr auf der Parkbank die Bluse aufknöpft.

Eine Mutter war fix und fertig. Immerhin hatte sie ja schon über Jahre zwei Personen ernährt. In ihrer Hilflosigkeit griff sie schließlich zu einer Hauruckmethode: Sie fuhr zwei Tage ohne das Kind weg. Danach war die Sache „gegessen". Meine Empfehlung also: mit circa zehn Monaten abstillen.

Laut ärztlicher Auskunft gibt das Stillen ab etwa dem achten Monat dem Kind keine wesentlichen Nährstoffe mehr, es raubt lediglich der Mutter zusätzliche Energien. Vom sechsten Monat an solltest du darauf achten, die Brustmahlzeiten durch feste Mahlzeiten so abzulösen, daß es mit etwa zehn Monaten am Familientisch mitessen kann. Das heißt, alle vier Wochen solltest du eine Brustmahlzeit durch eine feste Mahlzeit ersetzen.

Es gäbe noch viel zum Stillen zu sagen. Mir ging es lediglich um wesentliche, aus der Erfahrung geborene Ratschläge. Zu diesem Thema möchte ich dir noch ein Buch empfehlen: *Martha Ehlers, Ich will mein Kind stillen* (R. Brockhaus Verlag).

Und wenn es mit dem Stillen nicht klappt ...?

Nun habe ich tüchtig von den Vorteilen des Stillens geschwärmt. Aber was ist, wenn eine Mutter nun wirklich nicht stillen kann – vielleicht aufgrund einer Brustentzündung oder anderer Schwierigkeiten?

Dann soll sie um so mehr darauf achten, dem Baby einen intensiven Hautkontakt zu geben, und es genauso herzen und an die Brust drücken, wie es mit einem Stillkind geschieht.

Sie muß darauf achten, daß das Loch im Nuckel klein genug bleibt, und der Versuchung widerstehen, es zu vergrößern. Flaschen sind manchmal ruck, zuck leer, während das Stillen, je nach Babyalter, über eine halbe Stunde dauern kann.

Während des Flaschegebens sollte sie sich intensiv mit dem Kind befassen, mit ihm sprechen, schäkern und es streicheln, und sollte es so selten wie möglich jemand anderem geben. Denn das ist die große Gefahr beim Flaschegeben: Stillen kann nur eine, Flasche geben jeder.

Stuhlgang und Blähungen

Der Stuhlgang des Säuglings kann eine unerfahrene Mutter in helles Entsetzen stürzen: einmal ist er grasgrün, ein anderes Mal gelb, dann breiig, flockig, cremig oder flüssig. Mit so etwas rechnet man einfach nicht. Trotzdem hängt es allein von dem ab, was du gerade ißt und wie das Kind verdaut. Auch die Menge des Stuhlgangs ist ganz unterschiedlich. Ob nun in jeder Windel ein kleiner Fleck ist oder nur einmal am Tag – vielleicht zweimal in der Woche – ein richtiger Berg, das hält jedes Baby anders, und es ist zumindest bei einem vollgestillten Säugling kein Anlaß zur Unruhe.

Dr. Brazelton meint dazu: „Viele Neugeborene haben in den ersten paar Tagen nach der Ausscheidung des schwärzlich-grünlichen Mekoniums (Kindspech) weiche grüne oder gelbe Stühle. Diese oftmals schleimigen Entleerungen werden Übergangsstühle genannt und dauern bei Flaschenkindern höchstens fünf Tage. Bei Brustkindern hingegen können sie die ganze Stillzeit hindurch anhalten. Da die Muttermilch zwar abführend wirkt, gleichzeitig aber auch so hervorragend vom Baby verdaut wird, mache ich mir nur selten Sorgen über die Häufigkeit, Farbe und Konsistenz der Darmentleerungen von Brustkindern" (*Brazelton,* S. 64).

Ein kurzes Wort zu Blähungen: In den letzten Jahren werden sie bei jungen Säuglingen immer häufiger beobachtet und sind sehr quälend – für das Kind und für die Eltern. Nicht einmal ein Brustkind bleibt davon verschont, selbst wenn die Mutter peinlichst auf ihre eigene Ernährung achtet. Manche Ärzte meinen, es läge an der allgemeinen Umweltverschmutzung.

Häufig treten Blähungen gegen Abend auf, und nichts scheint zu helfen, keine Tropfen und kein Tee. Das kann Eltern zur Verzweiflung treiben! Das einzige, was Linderung bringt, ist Herumtragen, wobei eine entsprechende

Trageposition hilfreich sein kann: Manche Babys mögen es, wenn sie bäuchlings auf dem Arm liegen, andere ziehen es vor, in waagerechter Haltung auf dem Rücken durch die Wohnung geschaukelt zu werden. Auch das kreisförmige Reiben des Bauches – im Uhrzeigersinn, bitte! – oder ein warmes Bad kann einen leidenden Schreihals versöhnlicher stimmen.

Das Ganze ist eine aufreibende Prozedur und kann einem manchmal die halbe Nacht rauben. Aber schreien lassen darf man so ein kleines Geschöpf nun wirklich nicht. Ich habe stets mitgelitten, wenn Mütter mir ihr Leid geklagt haben. Und bei unserem letzten Baby durfte auch ich es voll auskosten ...

Ein Trost bleibt dir: Nach drei bis vier Monaten ist für die meisten die Quälerei vorüber. Aber für diese Zeit braucht eine Mutter einen besonderen Schub Energie.

Schnuller als Tröster?

Ich weiß nicht, wie du über Schnuller denkst. Um es gleich zu sagen: Ich mag sie nicht. Aber spätestens, wenn ein Baby am Schreien und Schreien ist, kommt man in Versuchung, ihm einen „Stöpsel“ in den Mund zu stopfen.

Zunächst einmal hat ein Brustbaby kein so starkes Saugbedürfnis wie ein Flaschenkind. Es kann dies ja intensiv an der Mutterbrust befriedigen. Trotzdem wird fast jedes Baby das Verlangen haben, auch zwischen den Mahlzeiten zu nuckeln. Läßt man ihm freie Hand, wird es nach seinem Daumen oder einigen Fingern suchen und daran saugen. Das tut es nach Belieben und ist dabei von seiner Umwelt unabhängig.

Der Schnuller ersetzt das Interesse an den eigenen Fingern, ist jedoch kein selbstgewähltes Hilfsmittel. Die Eltern müssen springen, wenn das Kind ihn braucht oder wenn der Schnuller aus dem Mund gerutscht ist. Welche Aufregung erst, wenn er nicht zu finden ist! Mein stärkstes Argument gegen einen Schnuller allerdings ist: Er wird dem Kind manchmal angeboten, wenn es ihn gar nicht braucht. Viele Mütter machen hiervon zuviel Gebrauch und verwenden ihn schon bei einem sehr kleinen Baby tatsächlich wie einen „Stöpsel“, um Ruhe zu haben. Ganz schlimm ist es, wenn er vorher noch in Honig oder in die Zuckerdose gestubst wird.

Bei solch einem gezuckerten „Feuerwehr-Einsatz“ braucht man sich nicht zu wundern, wenn ein Kind mit zwei Jahren träge und dick ist und immer etwas im Mund haben muß, um sich wohlzufühlen. Wird es den Eltern peinlich, wenn ihr vier- oder fünfjähriger Sprößling immer noch mit solch einem „Apparat“ im Mund herumläuft, und wollen sie ihn entwöhnen, gibt es fast immer ein großes Theater.

Da halte dich lieber daran, das Saugbedürfnis weitestgehend beim Stillen zu befriedigen, und laß dein Kind darüber hinaus seine Finger gebrauchen. Damit hast du größere Chancen, die Nuckelei in einem erträglichen Rahmen zu halten.

Die Frage, wodurch denn nun ein Kiefer am stärksten verformt wird, ist schwer zu beantworten. Einige unserer stärksten Nuckelkinder (bis ins Schulalter) brauchten nie eine Zahnklammer zu tragen, aber ausgerechnet die zwei, die nie genuckelt haben, mußten eine tragen. Ähnliche Unregelmäßigkeiten haben wir in anderen Familien beobachtet.

In den ersten Monaten geschieht schon viel

Wo liegen die Unterschiede zwischen einem Säugling, der mit elterlicher Geborgenheit und Liebe aufgewachsen ist, und einem Baby, das dies nicht erfahren hat?

Ich habe diesen drastischen Unterschied mehrmals miterleben müssen, und jedesmal hat es mir einen Stich ins Herz gegeben. Gleichzeitig war es für mich ein Ansporn, gerade Säuglingen die Geborgenheit zu geben, die sie für eine gesunde Persönlichkeitsentwicklung brauchen.

Einmal holten wir ein wenige Monate altes Baby aus einem Säuglingsheim ab. In freudiger Erwartung nahm ich das Kind auf den Arm und – erschrak! Es fühlte sich an wie ein Stück Holz. Steif und verspannt lag der kleine Kerl in meinem Arm, die Stirn kraus und den Blick starr geradeaus.

Nun hatte ich zu dieser Zeit schon eigene Babys geboren und wußte, wie sich ein Baby gibt, wenn es wohlig auf dem Arm liegt: Haut schmiegt sich auf Haut, alle Glieder hängen entspannt, und aus dem Mundwinkel rinnt der letzte Rest Muttermilch.

Mich schauderte, als ich mir ausmalte, was für unterschiedliche Erfahrungen Kinder schon in den ersten Lebenswochen machen müssen.

Gib deinem Kind eine gehörige Portion Nestwärme, Zuwendung und Liebe. Gerade in den ersten Lebensmonaten lernt es die so existentiell notwendige Urgeborgenheit. Dazu gehören eine friedevolle Umgebung, viel Körperkontakt und ein Eingehen auf die Bedürnisse des Neugeborenen.

Eine friedevolle Umgebung

Selbst wenn du meinen solltest, dein Neugeborenes interessiert sich ja doch nur fürs Trinken, Schlafen und Verdauen – innerhalb weniger Wochen entwickelt es sich zu einem aufmerksamen Beobachter.

Es dreht den Kopf nach bekannten Stimmen und erschrickt bei heftigen Geräuschen. Ganz gewiß spürt das

Baby eine gespannte Atmosphäre, wird unruhig und fängt an zu schreien. Genauso erkennt es eine friedevolle Atmosphäre. Im Halbschlaf hört es die schon vom Uterus vertraute Stimme der Mutter, die bei der Hausarbeit singt und dadurch ständig signalisiert: „Du bist nicht allein. Ich bin bei dir und für dich da.“

Bete laut für dein Kind, segne es, sing ihm viel vor und trage den „Frieden des Christus“ in deine Wohnung.

Körperkontakt

Halte dein kleines Baby viel auf dem Arm. Unbewußt legen die meisten Mütter den Kopf des Kindes an ihre linke Brust; und das ist richtig. So kann es wie zu der Zeit im Mutterleib den gewohnten Schlag des Mutterherzens hören.

Neun Monate wurde dein Kind ja in deinem Leib bei jedem Schritt hin- und hergewiegt und lebte mit dem Rhythmus deines Herzschlages. Deswegen wird es sich nach der Geburt durch das Wiegen im Arm und durch deinen vertrauten Herzschlag schnell wieder beruhigen, wenn es durch irgend etwas erschreckt wurde.

Du wirst entdecken, daß du mehr mit einer Hand tun kannst, als du je gedacht hast. Ich persönlich habe meine Kinder sehr viel in einem sogenannten Tragetuch herumgetragen, das auf der Schulter verknotet wird. So verteilt sich das Gewicht des Kindes auf Schulter und Hüfte. Die ganz Kleinen kann man sich auch vor den Bauch hängen. Allerdings sollte man einen ganz kleinen Säugling unter drei Monaten nicht zuviel mit sich herumschleppen, denn das schadet dessen Wirbelsäule.

Auf die Bedürfnisse eingehen

Zum Erwerb der notwendigen Urgeborgenheit gehört, daß du auf die Bedürfnisse des kleinen Babys eingehst. Was das betrifft, sind viele junge Eltern unsicher. Sie hören ja auch die unterschiedlichsten Ratschläge: „Schreien stärkt die Lungen!“; „Das Kind muß von Anfang an Gehorsam lernen.“ Dahinter steht oftmals die Sorge, das Kind zu verwöhnen oder zu verziehen.

Merke dir bitte: Kleine Babys schreien nie grundlos oder „um zu sehen, was sie erreichen können“. Ältere Kinder setzen ihr Schreien bewußt ein, um ein bestimmtes Ziel zu erreichen. Das Neugeborene schreit als Reaktion auf bestimmte Reize. Beobachte dein Baby sorgfältig – es wimmert, weint und schreit unterschiedlich –, und versuche, seine Bedürfnisse zu erkennen.

Der Kinderpsychologe Schetelig meint zwar, man könne einen Säugling im ersten Lebensjahr nicht verwöhnen, ich dagegen würde die Grenze etwas enger setzen und als Faustregel sagen: In den ersten fünf bis sieben Monaten kann ein Säugling durch zuviel Fürsorge nicht verwöhnt werden! Danach muß man allerdings wachsamer sein. Manch einem Krabbelkind schaut der Schalk so richtig aus den Augen, und es provoziert die ersten Machtkämpfe.

Aber in den ersten Lebensmonaten würde ich ein Baby grundsätzlich nicht über längere Zeit schreien lassen; damit meine ich, nicht länger als etwa zehn Minuten. Selbst wenn ich den Eindruck hätte, es schreit aus Unmut oder Langeweile, würde ich mich bemühen, es abzulenken.

Wie gesagt, es schreit, weil ein grundlegendes Bedürfnis vorliegt: weil es Hunger hat oder weil es Luft im Bauch hat und aufstoßen muß. Manche Babys wollen vor dem Schlafengehen noch einmal kurz an die Brust angelegt werden und schlafen danach schnell und friedlich ein. Die Windel mag voll sein. Es kann auch unter zu kalten Füßen oder kalten Händen leiden. Das heißt aber nicht, daß du dein Kind jetzt warm einpacken mußt, denn wenn es schwitzt, kann es wiederum unzufrieden sein und anfangen zu schreien. Aber vielleicht hilft es, wenn du deinem neugeborenen Kind eine Wärmflasche an die Füße legst oder die Füße besonders einpackst. Vielleicht gefällt dem Kind auch nicht, wie du es hingelegt hast. Vielleicht möchte es lieber auf der Seite liegen und nicht auf dem Bauch. Fast jedes Kind hat eine bevorzugte Lage, in der es am besten schlafen kann, aber das mußt du erst einmal herausfinden.

Mit dem Eingehen auf diese existentiellen Bedürfnisse in den ersten Lebenswochen und -monaten legst du eine solide Grundlage für dieses so wichtige Lebensgefühl der Urgeborgenheit und Sicherheit.

Schlaf- und Wachzeiten

Normalerweise ist ein Neugeborenes, aber auch das ein oder zwei Monate alte Baby in den Wachzeiten, zufrieden, wenn es die Mutter sieht oder herumgetragen wird.

Die Wachzeiten sind allerdings von Baby zu Baby recht unterschiedlich. Ein ganz ruhiger Vertreter wird die ersten Lebenswochen nahezu verschlafen. So ein Kind schläft zum Entzücken der Eltern bald nachts durch, das heißt runde zehn Stunden hintereinander.

Andere, recht energiegeladene oder nervöse Babys brauchen weniger Schlaf oder haben kürzere Schlafperioden, insbesondere nach dem Stillen. Das kann so aussehen, daß sie vier- oder fünfmal am Tag gerade eine gute halbe Stunde schlafen und dann aus Langeweile kräftig krähen. Dummerweise unterscheiden solche Kinder auch nicht zwischen Tag- und Nachtzeiten, und es kann bis zu einem Jahr dauern, bis sie endlich durchschlafen.

Allein daran kann man bereits im frühen Säuglingsalter die unterschiedlichsten Persönlichkeitsstrukturen erkennen. Ich kenne beides: die ausgeglichen-schläfrigen, „pflegeleichten" Babys und die unruhigen, quirligen „Raketen", die uns immer in Atem halten.

Übrigens kannst du ein Baby in diesem Alter gut überallhin mitnehmen. Es ist noch so klein, daß es mit der Tragetasche zufrieden ist. Da es eh noch keinen Tag- und Nachtrhythmus hat, schläft es ohnehin wann und wie lange es will. Die Milchquelle bleibt auch in der Nähe. Also, wenn die Witterung es zuläßt und nicht zuviel Lärm und Unruhe damit verbunden sind – ein christliches Rockkonzert wäre sicherlich kein passender Ort! –, dann brauchst du nicht auf Außenkontakte zu verzichten.

Was macht man nur mit einem so kleinen Geschöpf?

Manche junge Mutter fragt sich: „Wie kann ich mich nur mit einem vielleicht sechs bis acht Wochen alten Kind beschäftigen?"

Ich bin immer viel singend auf und ab gegangen; besonders nachts, wenn es nicht schlafen wollte. Tagsüber habe ich es in den Wachzeiten in Sicht- und Hörweite hingelegt oder eine Weile in einem Tragetuch bei meiner Hausarbeit mit mir herumgetragen. Sprich viel mit deinem Neugeborenen. Wenn es auch den Wortsinn nicht versteht, deine Stimme kennt es schon, und der Tonfall kann viel vermitteln. Darüber hinaus solltest du mit ihm scherzen und leichte Turnübungen machen. Es ist herrlich, wie so ein kleiner Kerl darauf reagiert. Normalerweise bekommst du schon vom Krankenhaus Anregungen für Turnübungen mit Säuglingen mit, sonst frag deinen Kinderarzt. Ein Baby strampelt auch gern ohne Windel. Gib ihm auch dazu Gelegenheit, besonders, wenn der Po wund ist. Dann darf es allerdings nicht zu kalt im Zimmer sein.

Hauptsache, immer dabei

Ab ungefähr zwei bis drei Lebensmonaten, wenn das Kleine seinen Kopf längere Zeit allein hochhalten kann, ist es auch sehr schön, es auf eine Matratze auf die Erde zu legen. Damals hatten wir in unserem großen Spielzimmer ein Matratzenlager. Dort spielte sich immer viel ab, und unsere Kleinen waren quietschfidel dabei. Allerdings mußte ich gut aufpassen, daß ihnen die größeren Kinder nicht aus Versehen etwas antaten. Über diese Matratze hatte ich eine Schnur gespannt und verschiedene Dinge daran gehängt: Rasseln, kleine Glöckchen und auch ein Mobile. So hatte das Kind immer etwas zum Gucken und Spielen.

Da wir ein größeres Haus haben, hatte ich eigentlich auf jeder Etage eine Ecke eingerichtet, in der ich mein Baby für eine Weile absetzen konnte. Von dort aus konnte es mich sehen und gefahrlos spielen. Man muß auch nicht immer nur Babyspielzeug bereithalten. Die Sachen der älteren Geschwister reizen noch viel mehr. Babys spielen mit allem, was sie zwischen die Finger und in den Mund bekommen. Du mußt nur darauf achten, daß diese Dinge keine Gefahr bedeuten. Achte besonders auf Perlen, Murmeln oder scharfkantige Gegenstände. Ansonsten ist es doch herrlich, in den „Lego-Duplos“ zu wühlen oder auf einem Auto herumzukauen!

Noch ein Tip für das Alter, in dem sie bereits allein sitzen können: Ich habe mir eine Babyschaukel in die Küchentür gehängt. Eine Weile bleibt der Säugling schon darin sitzen, während ich schnell die Gelegenheit nutze, beide Hände zum Arbeiten zu gebrauchen. Ich hatte auch einen Weidenkorb, in den ich es setzte und in dem ich es bei meiner Arbeit von Zimmer zu Zimmer schleppte. Das ist besonders vorteilhaft, wenn sie einen Zwieback kauen: man hat nicht überall Krümelspuren, sondern alles schön in einem Korb.

Schon ein Baby möchte sich da aufhalten, wo der Rest der Familie ist. Also sieh zu, daß es überall gefahrlose Bereiche für den Jüngsten in der Familie gibt. Ich hatte zwar stets ein Babyzimmer eingerichtet – einfach als Ruhepol im Trubel unseres Familienlebens –, aber letztlich hat sich das Baby darin nur zum Schlafen und zum Wickeln aufgehalten.

Von einem Laufstall halte ich nicht viel. Ich habe auch nie einen besessen, obwohl es bequemer ist, das Kind für

eine Weile darin abzusetzen. Aber ich habe es nicht übers Herz gebracht, mein Kind auf einem Quadratmeter einzusperren. Es soll sich bewegen und die Umwelt erkunden können! Na klar, mit dieser Einstellung muß man wachsamer sein und die Wohnung kindgerecht einrichten, aber es zahlt sich aus. Im Krabbelalter habe ich dann ein Gitter vor dem Eingang zur Küche und am Treppenabgang angebracht. Das war für die Größeren niedrig genug zum Hinübersteigen, und für die Kleinen hoch genug, um sie vor einem möglichen Unglück zu bewahren.

Alle Babys sind wachsame Beobachter und begierig zu lernen. Das beste „Lehrprogramm" fürs Leben ist, das Kind am Familienleben zu beteiligen und ihm die Möglichkeit zu geben, die Umwelt weitestgehend ungehindert zu erobern.

Entwickelt sich mein Kind richtig?

Jede Mutter wird diese sorgenvolle Frage mehr oder weniger stark bewegen. Nach jeder Geburt war meine erste Frage: „Ist alles dran?", und dann untersuchte ich die winzigen Händchen und Füße. Ich habe mir sagen lassen, daß es fast jede Mutter so macht.

Später kommen die Fragen: „Warum schläft es nur so lange?" „Kann es denn nicht besser trinken? Andere Babys sind schon viel größer." „Warum lächelt es noch nicht?" „Wann greift es endlich?"

Die meisten Sorgen dieser Art sind unberechtigt. Weißt du, es ist verblüffend, wie unterschiedlich Babys schon von Geburt an sind und wie verschieden ihre Entwicklungsfortschritte.

Laß dich durch Besserwisser oder durch ständige Vergleiche mit anderen Babys nicht verrückt machen. Hast du berechtigte Sorgen, dann sprich mit deinem Kinderarzt, und laß grundsätzlich keine der kostenlosen Vorsorgeuntersuchungen ausfallen.

Die *Bundeszentrale für gesundheitliche Aufklärung, Postfach 930103, 5000 Köln,* verschickt kostenlos einen „Entwicklungskalender". Darauf sind die durchschnittlichen Entwicklungsfortschritte recht gut abzulesen.

Folgendes Buch finde ich auch noch empfehlenswert: *Berry Brazelton, Babys erstes Lebensjahr* (dtv Taschenbuch). Der amerikanische Kinderarzt verfolgt die Entwicklung dreier völlig verschiedener Säuglinge in den ersten zwölf Lebensmonaten und gibt Eltern eine Menge Hilfen und Informationen.

Von 7 bis 12 Monaten

Worauf es ankommt:

▷ Im zweiten Halbjahr lernt das Kind wichtige Fertigkeiten wie Krabbeln, Sitzen und manchmal auch schon Laufen.

▷ Achte auf eine kindgerechte Umgebung. Kinder brauchen einen gefahrfreien Raum zum Spielen und Entdekken und wollen in der Nähe ihrer Eltern sein.

▷ Für das Krabbelalter solltest du die Grenzen weit stekken, damit das Kind die Umwelt unbeschwert entdekken und erleben kann. Wegen Kleinigkeiten würde ich keinen „Drill" beginnen.

▷ Kinder beginnen nicht an der gleichen „Startlinie", sondern werden mit Persönlichkeitsunterschieden geboren: Es gibt das „eigenwillige Kind", das „einfache" und das „schüchterne" bzw. „sich langsam erwärmende Kind".

▷ Trotz großer pädagogischer Geschicklichkeit wird es immer leichter und schwerer lenkbare Kinder geben. Nimm jedes Kind so an, wie es ist.

▷ Jetzt im Krabbelalter besteht die Gefahr des Verziehens. Du solltest nicht mehr auf jedes Bedürfnis sofort eingehen. Das Kind muß warten lernen.

▷ In dieser Alterstufe sind nicht viele Erziehungsmaßnahmen angebracht. Das wenigste, was ein Krabbelkind anstellt, geschieht aus Böswilligkeit oder Rebellion. Drei grundsätzliche Erziehungsmaßnahmen sehe ich: das Kind mit Kommentaren begleiten, Geduld und Beständigkeit üben, das Kind ablenken.

▷ Für den Typus „eigenwilliges Kind" wird diese dreifache Strategie nicht ausreichen: Es braucht viel Gelegenheit, sich müde zu toben, wenig Kommandos, dafür bereits eine gewisse Eigenständigkeit, aber auch ein standhaftes, klares Nein, wenn es nötig ist.

Jetzt ist es soweit! Das Kind beginnt zu robben und zu krabbeln. Plötzlich wird die Welt viel größer und interessanter. Es ist nicht mehr so viel auf andere angewiesen, sondern kann Eigeninitiative ergreifen. Nutze diese Altersspanne, und schaffe in deiner Wohnung eine Atmosphäre der Entdeckerfreude. Wenn Krabbelkinder ihre Umgebung ungehindert erforschen können, lernen sie ungeheuer viel.

Aber bevor sie das Sich-Fortbewegen entdeckt haben, kann es eventuell noch eine Phase der Unzufriedenheit geben. Das Liegen und Sitzen wird langweilig, das Kind möchte gern mehr erleben und kann nicht. Ich erinnere mich, wie unser Chris mit sieben Monaten auf der Decke im Garten wie ein Fisch auf dem Trockenen mit Armen und Beinen in der Luft ruderte, einfach nicht vorwärts kam und vor Unzufriedenheit wie am Spieß brüllte. Wir mußten ihn noch mehr herumschleppen und ihm behutsam zeigen, wie man die Beine anwinkelt und abstößt. Als das klappte, war die Lebensfreude wieder da.

Krabbeln lernen

Im zweiten Halbjahr lernt das Kind wichtige Fertigkeiten wie Krabbeln, Sitzen und manchmal auch schon Laufen. Daran wird oft der Entwicklungsstand eines Kindes gemessen. Bitte keinen „falschen" Ehrgeiz oder unnötige Sorgen! Bei dem einem geht es schneller, bei dem anderen langsamer. Ein Kind, das sich immer frei bewegen kann, wird seiner Reife gemäß zum richtigen Zeitpunkt damit beginnen.

Natürlich kannst du ein wenig Hilfe leisten. Befindet sich das Kind in der Bauchlage, und drückst du mit deinen flachen Händen gegen die Füße, fängt es oft an, sich nach vorne abzustoßen. Dabei kannst du noch mit einem

Spielzeug locken. Kapiert das Kind erst einmal, wie es vorwärts geht, robbt es bald fröhlich durch die Wohnung. Jedes Hindernis ist zum Überwinden willkommen.

Die ersten Schmerzen gibt es dann beim Herunterkommen von all diesen Höhen. Jetzt mußt du dem Kind zeigen, wie es rückwärts krabbeln kann. Dazu drückst du leicht auf seine Schultern. Das mußt du sicherlich öfters wiederholen. Aber diese Übung lohnt sich, denn du brauchst nicht mehr soviel Angst zu haben, wenn es an irgend etwas hochklettert.

Kindgerechte Umgebung

Mit dem Krabbelnkönnen wird das Zusammenleben aufregender. Man kann sich und einem lebendigen Kind viel Ärger ersparen, wenn die Wohnung kindgerecht eingerichtet ist. Manche Krabbler scheinen eine regelrechte Begabung zu haben, Mutters stilvoll eingerichtetes Wohnzimmer in ein Chaos zu verwandeln. Nun hatten wir von Anfang an eine sehr große Familie und mußten darauf noch mehr achten, als es vielleicht eine kleine Familie für nötig hält; aber kleine Kinder brauchen Freiraum und dürfen nicht in zu enge Grenzen gesteckt werden. Unser größtes und sonnigstes Zimmer ernannten wir zum Spiel- und Eßzimmer. Dort stand unser großer Eßtisch, der gleichzeitig zum Basteln und Malen genutzt wurde, dort waren all die vielen Spielsachen und ein Kissen- und Matratzenlager zum Toben, Schmusen und Träumen. Wie schon erwähnt, thronte mitten darin mein bequemer Stillsessel. Dort saß ich häufig, trank meine Tasse Kaffee, strickte und konnte – während die Kinder zu meinen Füßen spielten – sogar ein Buch lesen. Ein kleineres Zimmer mußte als Wohnzimmer für die besonderen Gelegenheiten herhalten. Und hatten wir Besuch:

er hielt sich lieber zwischen Bauklötzen, Autos und Puppen auf. Vor unserem Hauskreis bauten die Jugendlichen erst Bauklotztürme bis unter die Decke, bevor wir sie mit sanfter Gewalt ins Wohnzimmer bugsieren konnten.

Ich habe es als sehr wohltuend empfunden, im Familienzentrum eine gefahr- und schimpffreie Zone zu haben, in der die Kinder treiben konnten, was sie wollten, und wir trotzdem beieinander waren. Und auch in der Küche habe ich die untersten Schränke umgeräumt und mit Plastikschüsseln, Schneebesen und ähnlichem gefüllt. Zu den Kochzeiten stellte ich zwar ein Gitter in den Türrahmen, so daß die Kleinen zugucken, aber mir nicht zwischen die Beine geraten und an den heißen Herd kommen konnten. Aber anschließend kam das Gitter wieder weg. Nun hatte ich zu jener Zeit auch sechs quirlige Kinder, von denen das älteste gerade vier Jahre alt war.

Die Idee einer meiner Freundinnen fand ich auch ganz originell: Für ihre Tochter, die nun schon etwas älter war, hatte sie in der Küche eine kleine Kinderküche eingerichtet mit einer niedrigen Arbeitsplatte, Küchenutensilien und auch Bastel- und Malsachen. Während sie nun ihre Küchenarbeit machte, werkelte die Kleine genauso eifrig in ihrer eigenen „Küche", und das Zusammenleben lief um so friedlicher.

Kinder brauchen einen gefahrfreien Raum zum Spielen und Entdecken und wollen in der Nähe ihrer Eltern sein. Geben wir ihnen das, kann das Zusammenleben viel spannungsfreier verlaufen. Sie hängen einem auch nicht ständig an den Beinen, weil sie meinen, sie würden abgeschoben.

Nun ist der Soziale Wohnungsbau nicht gerade kinderfreundlich, und eine kleine Stadtwohnung kann schon Kopfzerbrechen bereiten. Mich hat es immer aufgeregt, daß das kleinste Zimmer – sechs bis acht Quadratmeter groß – für die Kinder reichen soll. Aber da können sich findige Eltern durchaus etwas einfallen lassen. Als wir mit den ersten drei Kindern noch in einer Zwei-Zimmer-Wohnung hausten, wurde das geräumige Schlafzimmer zum Kinderzimmer und das andere zum kombinierten Wohn- und Schlafraum. Da, wo die Kinder noch klein sind und ohnehin früh schlafen gehen, braucht man bei Platzmangel nicht unbedingt ein „Schlafzimmer", das den ganzen Tag leer steht. Andere Eltern bauen in hohen Altbauzimmern Schlaf- oder Spielpodeste unter die Decke. Flächen über Türen oder in Dachschrägen werden zu Abstellregalen oder zu einer „Baumburg". Schaut man sich eine Wohnung einmal aus diesem Blickwinkel an, entdeckt man viele neue Möglichkeiten.

Dort, wo man aus Platzmangel Zimmer nicht umgestalten kann, sollte auf jeden Fall das Wohnzimmer „entschärft" werden. Räume die kostbaren und zerbrechlichen Dinge aus den untersten Regalen aus, verriegele Schubladen, und gib dem Kind einen Bereich, wo es seine Sachen aufbewahren kann.

Steck die Grenzen weit

Manche Eltern sagen: „Das sehe ich nicht ein. Mein Kind soll lernen, mit meinen Sachen sorgsam umzugehen oder die Finger davon zu lassen!"

Das halte ich, grundsätzlich gesehen, auch für richtig, aber noch nicht in einem Alter von zehn Monaten. Damit kannst du anfangen, wenn es älter als zwei Jahre ist.

Ich denke an eine junge Mutter mit einem etwa zehn Monate alten Kind. Sie erzählte, daß ihr Kind ständig zu dem Bücherregal krabbelte und immer an die Bücher wollte.

„Das Kind muß doch lernen, daß es nicht an die Bücher darf, oder? Ich habe ihm jedesmal welche auf die Finger gegeben, aber es hat nichts genutzt."

„Sag mal, wie oft krabbelt es denn dorthin?" fragte ich.

„Na, bestimmt vierzig- bis fünfzigmal am Tag."

„Und jedesmal gibt es welche auf die Finger?"

Ich erklärte ihr, daß es so nicht ginge, und gab ihr den Ratschlag, das Bücherregal in den untersten Reihen auszuräumen und mit Sachen zu füllen, an die das Kind herandarf. Mit zehn Monaten ist es von einem lebendigen Kind zuviel erwartet, ein Bücherregal zu meiden. Dieser Erziehungsschritt kann ein halbes Jahr später wesentlich erfolgreicher vollzogen werden.

Nun gehen Kinder mit Gegenständen recht unterschiedlich um. Teste die Situation erst einmal. Manch ein Krabbelkind lenkt ein, wenn man es ein Buch streicheln läßt und sagt: „Damit mußt du ganz vorsichtig umgehen!" Die Beobachtung bestätigt, daß ein Kind, das sonst viel Freiraum hat, solch eine Grenzsetzung eher akzeptiert als ein Kind, das den ganzen Tag nur „Nein, nein, nein!" hört. Bei meinen letzten Kindern habe ich im Wohnzimmer kaum etwas umgeräumt, selbst Porzellanfiguren konnte ich auf dem kleinen Beistelltisch stehen lassen – sie wurden vorsichtig genommen und wieder hingestellt. Da war ich selbst überrascht.

Aber nicht mit jedem Kind geht das so. Ich rate dir auszuprobieren, wie sensibel dein Kind in welchem Alter ist, und dann darauf einzugehen. Für das Krabbelalter solltest du die Grenzen weit stecken, damit das Kind unbeschwert die Umwelt entdecken und erleben kann.

Sieh auch zu, daß es draußen seine Entdeckungsreisen auf allen Vieren machen kann, selbst wenn das heißt, jeden Tag drei Hosen zu waschen und ständig durchscheuerte Knie zu flicken.

Wegen Kleinigkeiten würde ich bei einem Krabbelkind auf keinen Fall einen „Drill" beginnen. Das würde ich mir für die gefährlichen und wirklich wichtigen Bereiche aufsparen. Zieht es sich zum Beispiel am Tischbein hoch, und zerrt es an der Tischdecke, um herauszufinden, was dort oben zu sehen ist, würde ich schnell die Vase fortnehmen und keine Dressur beginnen: „Laß die Tischdecke los. Ich habe dir gesagt, nimm die Finger weg!“ Soll es doch sehen, was da drauf ist. Dieses Verhalten ist keine Rebellion, sondern pure Neugier – und die sollten wir doch letzten Endes unterstützen.

Jedes Kind ist anders

Hast du erst einmal mehrere Kinder, wirst du entdecken, wie unterschiedlich sie sind. Das merkst du schon im frühen Säuglingsalter an der Art, wie sie trinken, wie sie schlafen und wie häufig sie schreien. Es gibt die ganz genügsamen und zufriedenen, aber auch die ungeduldigen und lebhaften, die das ganze Haus zusammenschreien, wenn ihnen etwas nicht paßt.

Im Krabbelalter werden die Persönlichkeitsunterschiede noch deutlicher. Der eine scheint eine Rakete in der Windel zu haben, die ihn immer dort hinsteuert, wo er nicht hin soll, und der andere fängt aus Bequemlichkeit noch nicht einmal an zu krabbeln, sondern sammelt seine Kräfte, um dann mit zwölf Monaten sofort richtig zu laufen.

Dein kleines Mädchen betastet die Gegenstände im Regal vielleicht sorgfältig, während ein kleiner Besucher sie in der Hand zerdrückt und von sich wirft. So unterschiedlich hat Gott die Menschen geschaffen, auch damit es im Familienleben nicht zu langweilig wird und wir uns immer wieder neu auf das nächste „Exemplar“ freuen können.

Persönlichkeitsunterschiede

Kinder beginnen nicht an der gleichen Startlinie oder kommen wie ein „Stück weißes Papier“ zur Welt, um dann von der Umwelt beschrieben zu werden. Es gibt keinen Zweifel, daß die Umwelt einen starken Einfluß auf die Persönlichkeitsentwicklung ausübt, aber es ist falsch zu meinen, daß der Mensch hauptsächlich durch Umwelteinflüsse geformt wird. Dieser Determinismus trifft nicht zu, weil er den Eigenwillen des Menschen und genetisch bedingte Temperamentsunterschiede leugnet.

In einer amerikanischen Studie, die als *New York Longitudinal Study* bekannt geworden ist, sprechen die Autoren Chess und Thomas von drei Persönlichkeitsmustern, in die man die meisten Kinder einordnen kann. Ihre Beobachtung bestätigt, daß Babys sich nicht nur von Geburt an deutlich unterscheiden, sondern daß diese Unterschiede auch durch die Kindheit erhalten bleiben.

Als erstes sprechen sie von dem „eigenwilligen Kind“, das sich durch negative Reaktionen auf Menschen auszeichnet, durch intensive Stimmungsschwankungen, unregelmäßige Schlaf- und Eßgewohnheiten, häufige Zeiten des Schreiens und heftige Wutanfälle, wenn es frustriert wird.

Zu dem zweiten Persönlichkeitsmuster gehört das „einfache Kind“: Es verhält sich anderen gegenüber freundlich, paßt sich neuen Situationen gut an, es entwickelt regelmäßige Schlaf- und Eßgewohnheiten und eine Willigkeit, die Spielregeln zu akzeptieren.

Zur dritten Kategorie werden die „schüchternen“ oder „langsam zu erwärmenden“ Babys gezählt. Diese Kleinen reagieren auf neue Situationen negativ und passen sich nur langsam an. Sie sind aber weniger hartnäckig als „eigenwillige Kinder“ und tendieren zu regelmäßigen Schlaf- und Eßgewohnheiten. Wenn sie durch-

einander oder frustriert sind, ziehen sie sich zurück und reagieren eher regressiv, als daß sie mit Zorn und Rebellion explodieren.

Nicht jedes Kind läßt sich eindeutig in diese Kategorien einordnen, aber doch etwa 65 Prozent, meinen Chess und Thomas. Wachsame Eltern werden diese Beobachtungen bestätigen können. Je größer eine Familie ist, um so mehr staunt man über die Einzigartigkeit und Verschiedenartigkeit der menschlichen Persönlichkeiten. Bei unseren zwölf Kindern haben wir nicht nur die Ergebnisse eigener genetischer Kombinationen bewundern können, sondern noch sechs andere dazu. Welch ein Erziehungsauftrag!

Eltern müssen lernen, jedes einzelne Kind so zu nehmen, wie es ist, und sich hüten, sie negativ miteinander zu vergleichen. Eltern müssen auch untereinander barmherzig sein. Die Mutter eines „einfachen Kindes“ sollte nicht meinen, daß dies allein ihren Erziehungskünsten zuzuschreiben sei, und der Mutter eines „eigenwilligen Kindes“ womöglich Erziehungsnachhilfe geben wollen. Das hat schon manch einem sehr weh getan.

Andererseits zeigen die Persönlichkeitsunterschiede, daß es trotz großer pädagogischer Geschicklichkeit immer leichter und schwerer lenkbare Kinder geben wird und Eltern auch unterschiedlich intensiv auf das einzelne Kind eingehen müssen.

Gefahr des Verziehens

Ich sagte bereits, daß ein Baby in den ersten fünf bis sieben Monaten kaum verzogen werden kann. Danach sollten Eltern allerdings wachsamer werden. Wenn eine überängstliche Mutter bei jedem „Pieps“ an die Wiege eilt und das Kleine hochnimmt, dann wird es in dem kleinen Köpfchen bald schalten: „Ich brauche nur ‚Pieps‘ zu machen, und schon kommt Mama angerannt. Wie schön!“

Jetzt solltest du nicht mehr auf jedes Bedürfnis eingehen, und das Kind sollte schon etwas warten lernen. Manchmal reicht es aus, wenn du rufst: „Einen Moment, ich komme gleich“, und das Kind geduldet sich. Oder wenn du es aus dem Bettchen nimmst, dann setz es hin und sprich mit ihm, während du das Essen vorbereitest. Es ist schon eine ganz schöne Lektion, wenn das Kind aufgrund der Stimme der Mutter oder des Vaters lernt, eine kleine Weile zu warten.

Ich halte es auch für besser, wenn das Kind nun nicht mehr mit im Elternschlafzimmer schläft. Wenn kein eigenes Zimmer vorhanden ist, könnte es auf den Flur oder ins Wohnzimmer geschoben werden. Es würde sich sonst zu sehr daran gewöhnen, daß Mutti aber auch immer in Sichtweite ist. Das ist weder für das Kind gut noch für die Mutter, insbesondere, wenn sie zu übertriebener Fürsorge und Ängstlichkeit neigt.

Humor und starke Nerven

„Welche Erziehungsmaßnahmen sind bei Krabbelkindern überhaupt angebracht?" werde ich oft von eifrigen jungen Müttern gefragt.

Nun, in diesem Alter sind überhaupt nicht viele angebracht. Das wenigste, was ein Krabbelkind anstellt, geschieht aus Böswilligkeit oder Rebellion. Es will halt die Welt kennenlernen, da kann es auch mal recht stürmisch zugehen.

Ich denke an meine jüngste Tochter: Ich komme vom Bad in die Küche, und da sitzt sie mitten im Honig! Von oben bis unten vollgeschmiert schaut sie halb amüsiert, halb entsetzt auf ihre verklebten Finger.

Jetzt gibt es zwei Reaktionen. Eine ist, daß ich anfange zu schimpfen. Vielleicht bin ich sowieso überarbeitet, habe gerade den von ihr ausgeleerten Mülleimer wieder vollgestopft, die ausgeschüttete Milch aufgewischt, und jetzt das: Honig überall!

Die andere Reaktion: Du schickst ein Stoßgebet zum Himmel: „Oh, Herr, hilf mir jetzt!", und dann beobachtest du deine Tochter. So habe ich es getan. Und schließlich mußte ich lachen, wirklich lachen! Es sah einfach zu komisch aus. Von da an habe ich natürlich den Honig höher gestellt.

Am gleichen Abend kommt ein guter Bekannter zu uns, und ich erzähle: „Du, Tirza saß heute im Honig …"

„Ja, ja", meinte er, „so etwas kennen wir auch. Unser Dominique klebte mal im Sirup."

„Was hast du da gemacht?" fragte ich, bereichert durch meine Erfahrung.

„Tja, zuerst habe ich überlegt, wie ich reagieren soll. Doch dann habe ich meine Filmkamera geholt und die ganze Szene gefilmt."

„Mensch", dachte ich, „so ist es doch richtig. Warum wird immer gleich geschimpft, wenn ein Kind aus Versehen etwas angestellt hat?"

Wir sollten das Leben unserer Kinder viel mehr mit Humor begleiten. Ein paar Wochen später hätte man sowieso darüber gelacht, warum also nicht gleich? Das war nun wirklich keine Böswilligkeit gewesen. Tirza wollte halt wissen, wie der Honig schmeckt und warum er klebt, und dabei ist der „Unfall“ passiert.

Ich erinnere mich, wie Mirke gerade das Laufen gelernt hatte und es sichtlich genoß, abends beim Ausziehen fast nackt durch die Wohnung zu flitzen. Nun kann man bei uns schön im Viereck laufen: vom Wohnzimmer durch das Eßzimmer, den Flur und die Küche zurück zum Wohnzimmer. Und jeden Abend, wenn ich sie halb ausgezogen hatte, entwischte sie mir und flitzte davon. Ich fragte mich: „Was nun? Streng sein oder mitmachen?“ Soll ich hinterherschimpfen: „Komm sofort her! Wenn ich ausziehen sage, wird ausgezogen!“, oder soll ich hinterherlaufen? Ich entschloß mich fürs zweite. Das ging vielleicht so zwei, drei Minuten, dann hatte sie sowieso keine Puste mehr und ließ sich willig in den Arm nehmen und ausziehen. Und nach zwei Wochen war der Spaß auch langweilig geworden.

Aber gerade das sind oft so die Kleinigkeiten, wo Eltern unwirsch und genervt reagieren. Lerne solche Situationen mit Humor zu tragen, aber dafür in anderen, wo es nun wirklich darauf ankommt, konsequent zu reagieren.

Nun lernen Eltern an ihrem ersten Kind am meisten. Es ist leider das „Versuchskaninchen“; bei den nächsten Kindern hat sich das Verhältnis von Strenge und Gewährenlassen schon besser eingependelt. Wiederhole nicht die Fehler anderer, sondern zeige gleich beim ersten Kind eine gehörige Portion Humor und Freude.

Ich habe in vielen Gesprächen erstaunt die Feststellung gemacht, daß manche Mütter gerade ihr erstes Kind aus Mangel an Erfahrung und an Vergleichsmöglichkeiten zu streng rannehmen. Ich bin natürlich auch Müttern begegnet, die ein zu weiches Herz haben. So bin ich gefragt worden, ob es richtig sei, dem Kind einen ordentlichen Klaps zu geben, wenn es auf der Wickelkommode einfach nicht still liegen bleibt. Viele Babys sind sehr lebhaft beim Wickeln, ich kenne das. Ich habe mit ihnen gescherzt, ich habe sie abgelenkt, manchmal mußte ich sie tüchtig festhalten und nach Eberhard rufen, und wenn er nicht da war, habe ich die Arbeit auf dem Teppich weitergeführt. Aber ein kleines Baby beim Wickeln schlagen, das darf nicht sein!

„Und wenn es dabei schreit und schreit?"

Ich weiß, das kann fürchterlich auf die Nerven gehen. Sag in normaler Zimmerlautstärke, daß das nicht richtig ist, und wickele das Kind schnell und bestimmt. Zurückschreien oder gar schlagen würde die Situation nur verschlimmern. Willensstarke Kleinkinder erfordern nun einmal eine Menge Nerven und Gelassenheit. Ich meine, wenn eine Mutter sicher und gelassen bleibt, überträgt es sich auch auf das Kind – zumindest teilweise, so daß die Sache nicht eskaliert.

Für das Krabbelalter sehe ich grundsätzlich drei Erziehungsmaßnahmen:

– das Tun des Kindes mit Kommentaren begleiten,
– Geduld und Beständigkeit,
– Ablenkung.

Mit Kommentaren begleiten

Eine Mutter, die viel mit ihrem Kind spricht, tut das ohnehin schon. Trotzdem kannst du auf diese Art der Kommunikation noch ein wenig mehr Betonung legen.

Ein kleines Kind orientiert sich ständig, ob das, was es gerade macht, erwünscht oder nicht erwünscht ist. Das bekommst du schnell an seinem Blick mit. Da robbt es zum Telefon und schaut mit erwartungsvollem Gesicht zu dir herüber. So nach dem Motto: „Na, Mama, erlaubt oder nicht erlaubt?" Jetzt bist du an der Reihe. Du schüttelst den Kopf und antwortest: „Nein, mein Schatz, das

ist nichts für dich." Dein Schatz wird darauf reagieren, daran merkst du, daß er die Botschaft auch schon mit neun Lebensmonaten versteht. Entweder zieht er die Hand zurück oder steuert um so fleißiger aufs Ziel zu.

Auch jetzt solltest du nicht still bleiben. Lenkt dein Kind ein, solltest du es tüchtig loben. Überhaupt ist

„positive Bekräftigung" enorm wichtig. Gerade wenn es etwas richtig macht, lobe es: „Das hast du gut gemacht!" „Wunderbar, wie schön du ißt!" „Noch ein bißchen, dann hast du es geschafft!" Wenn ein Kind etwas richtig tut, sind Eltern geneigt zu schweigen, aber dann, wenn etwas nicht gelingt, sind sie zu schnell mit tadelnden Worten zur Stelle.

Trainiere dich, das Tun deines Kindes viel mit Worten zu begleiten. Wobei manche Eltern beim Lob mehr Einfallsreichtum brauchen als beim Tadel.

Geduld und Beständigkeit

Zurück zur Szene am Telefon. Lenkt dein Kind nicht ein, dann brauchst du Geduld und Beständigkeit. Wiederum sprichst du mit dem Kind, gehst hinüber zu ihm, nimmst es hoch und setzt es einige Meter entfernt auf den Teppich.

„Prima", denkst du, „das ist geschafft!", und wendest dich wieder deinem Buch zu. Du hast den Absatz noch nicht zu Ende gelesen, da ist der kleine Feger schon wieder am Telefon. Nur nicht aufregen, er hat dich wohl nicht ganz ernstgenommen. Du wiederholst die gleiche Prozedur, wahrscheinlich nicht nur einmal, sondern zwei-, dreimal. Beim drittenmal faß ihn ruhig etwas fester, er soll merken, daß es kein Spielchen ist, sondern Ernst.

Ablenkung

Gleichzeitig solltest du sehen, ob du deinem Kind nicht eine Alternative anbieten könntest. Vielleicht kramst du ein Bilderbuch hervor, und schon ist das Telefon mit all seinen Verlockungen vergessen. Du kannst aufatmen, weil du den kleinen Kampf nicht bis zum Ende durchführen mußtest.

Ablenkung ist im Krabbelalter ein legitimes Mittel, um einer unnötigen Konfrontation auszuweichen. Allerdings darf diese Möglichkeit nicht übertrieben werden. Es gibt Eltern, die halten ihrem Kind ständig etwas vor die Nase, um es „abzulenken". So ist es nicht gemeint! Überleg dir bei einer anbahnenden Auseinandersetzung, ob die Sache es wert ist, durchgestanden zu werden. Wenn ja, dann bleib hartnäckig bei deinem Nein, wenn nicht, dann versuche es mit einer Ablenkung.

Und wenn alles nicht klappt?

Ich bin fest davon überzeugt, daß diese dreifache Strategie bei fast allen Krabbelkindern klappt. Natürlich müssen sich Eltern darin einüben, und ein Kind muß sich daran gewöhnen, daß es so läuft und nicht anders.

Aber ich räume ein, daß es nicht mit allen so einfach sein wird. Schließlich sind Kinder sehr unterschiedlich, wie die bereits zitierte Studie von Chess und Thomas gezeigt hat.

Die meisten Erfolge werden die Eltern mit den „einfachen Kindern" haben. Es wird sich neuen Anforderungen gut anpassen und ist bereit, die „Spielregeln" zu akzeptieren. Erziehen wird eine Freude sein.

Eltern mit den „langsam zu erwärmenden" Kindern werden auch durchkommen, aber mehr Mühe haben. Für diese Kinder ist es zunächst einmal typisch, auf eine Anforderung negativ zu reagieren, zu schmollen und sich nur langsam anzupassen. Trotzdem werden Eltern, wenn sie nur den Humor und die Geduld bewahren, mit der dreifachen Strategie genauso Erfolg haben. Ich möchte zum Durchhalten ermutigen. Für diesen Typus ist es ganz ungünstig, ständig ausgeschimpft und gedrängelt zu werden. Er braucht viel Körperkontakt, Ermutigung und Beständigkeit, auch eine sich wenig verändernde Umgebung, damit er sich besser orientieren kann und sich wohl fühlt. Er wird auch unwilliger und langsamer lernen als das „einfache Kind“, aber er wird, wenn du liebevoll am Ball bleibst.

Aber für die sogenannten eigenwilligen Kinder wird diese Strategie nicht ausreichen. Diese Kinder fordern ihre Eltern ganz, und häufig werden deren Eltern mit Erziehungsratschlägen im Stich gelassen. Die meisten modernen Erziehungsbücher geben überhaupt keine Hilfe, denn nach Ansicht dieser Autoren kann es solche Kinder gar nicht geben. Und wenn, dann sind sie durch die Erzieher so geworden. Nicht das Kind muß verändert werden, sondern die unfähigen Eltern. Dementsprechend finde ich gerade unter der Gruppe der Eltern von „eigenwilligen Kindern“ viele, die sich als Versager vorkommen, ständig ein schlechtes Gewissen haben, nicht genügend auf ihr Kind eingegangen zu sein, und denen die Kinder mehr eine Last sind als eine Freude.

Nun gibt es in unserer Gesellschaft wirklich schlimme Eltern, die ihre Kinder falsch erziehen, sie vernachlässigen, nicht genügend Liebe und Ermutigung geben, sie herumstoßen und genervt verprügeln. Die dürfen ruhig ein schlechtes Gewissen haben.

Aber die meine ich nicht. Sondern die, die sich wirklich Mühe geben, Aufmerksamkeit, Zeit und Liebe in ihre Kinder investieren und trotzdem einen schweren Stand haben. Denen möchte ich noch einmal sagen: Kinder beginnen nicht an der gleichen Startlinie, sie sind manchmal unfaßbar unterschiedlich. Das eine gibt sich „pflegeleicht“, und das andere, das mit der gleichen Zuwendung und Umgebung aufwächst, nervenaufreibend schwierig. Und das ist dann nicht deine Schuld! Es ist so geboren!

Natürlich können Eltern einiges dazu beitragen, wie

sich ein „schwieriges Kind“ weiterentwickelt. Sie können es ihm leichter oder schwerer machen.

Als ich bei einem Vortrag über „schwierige“ und „einfache“ Kinder sprach, mußte ich schmunzeln: fast alle Mütter waren sich einig, sie hätten ganz schwierige Kinder. Nach einigen Einzelgesprächen war ich absolut nicht deren Meinung, sondern davon überzeugt, daß Eltern durch unkluges Verhalten „einfache“ Kinder zu „schwierigen“ machen können.

Wenn du nicht weißt, was ein willensstarkes Kleinkind ist, dann laß es dir erklären: Es ist ein Kind, das dich mindestens dreißig Stunden am Tag in Atem hält! Ein Krabbler, der schneller ausräumen, als du einräumen kannst, und höher klettern, als es deine Nerven vertragen können. Der alles, und sei es noch so hoch oder noch so gut versteckt, erreicht.

Und ich spreche aus Erfahrung. Wir hatten auch so einige tolle, willensstarke Exemplare, die man nie aus den Augen lassen durfte. Wenn du am Küchenfenster stehst und siehst deinen Eineinhalbjährigen zwei Meter hoch auf einer Leiter stehen – da stellst du aber einen neuen Sprintrekord auf! Oder zwei Kleine stehen am Zaun und werfen alles, was beweglich ist, in den angrenzenden Bach! Da hat man sein Tun.

Aber laß man, die sogenannten schwierigen Kinder sind auch keine Katastrophe. Inzwischen sind meine 15, 17 und 18 Jahre alt und feine Kerle.

Ich möchte dir einmal erzählen, was mich damals, als sie klein waren, angespornt hat: Ich habe viel für sie gebetet und mir ausgemalt, wie sie sich einmal als gläubige Teenager, die sich feurig für Jesus einsetzen, verhalten werden. Weißt du, ein willensstarker Mensch, der sich zusammenreißen kann und Jesus dienen will, wird besser durchs Leben kommen als vielleicht ein „Anpasserkind“.

Dieser zukunftsorientierte Blick für dein willensstarkes Kind wird dir helfen, besser auf es einzugehen.

„Gott hat eine Berufung für mein Kind, und es ist meine Aufgabe, dies mit Gottes Hilfe dafür zu schulen und darauf vorzubereiten!" Dieser Gedanke wird dir helfen, auch ein „schwieriges Kind" liebzuhaben und es richtig anzufassen. Bete viel für das Kind um Frieden und Ausgeglichenheit für seine Seele und nimm es für Gottes Reich in Anspruch.

Deine Aufgabe ist nicht, den Willen des Kindes zu „brechen", wie man es früher einmal gesagt hat, auch nicht, ihn „zügellos" laufenzulassen, sondern seinen Willen zu „lenken". Und das ist nicht so einfach!

Willensstarke Kinder sind meistens lebhaft, und deswegen brauchen solche Kinder viel Freiraum und viel Platz zum Toben. Wir haben damals in unserem Spielzimmer eine Tobe-Ecke gehabt. Das war ein Podest zum Springen mit einer Matratze davor, eine Schaukel und ein kleines Klettergerüst. Da war immer mächtig was los, besonders an Regentagen und im Winter, wenn die Kinder nicht draußen toben konnten.

Ich meine, es ist sogar ratsam, einer Familie mit mehreren willensstarken Kindern zu empfehlen, für einige Jahre aufs Land zu ziehen, falls irgend möglich. Dort bekommt man für den Preis einer Stadtwohnung ein kleines Häuschen, und die Kinder können sofort ins Freie. Ein „eigenwilliges Kind" in eine Stadtwohnung zu sperren, immer „Psst, psst!" zu machen, und vielleicht nur alle paar Tage mit ihm für eine Stunde auf den Spielplatz zu gehen – das kann nicht gutgehen. Wie ein eingesperrter Löwe wird es brüllen und um sich schlagen.

Ein willensstarkes Kind darf auch nicht zu sehr gegängelt werden. Es braucht seinen persönlichen Freiraum. Das heißt nicht, daß es tun darf, was es will. Aber es verträgt ein ständiges Gängeln noch weniger als ein „einfaches Kind".

Schon im Krabbelalter deines Kindes übe dich ein, wenig Kommandos zu geben und seine Eigenständigkeit zu achten, aber wenn du nein sagst, dann überleg dir vorher, ob das klug ist, und dann bleib dabei, ganz gleich, wie stark dein kleiner Kontrahent dagegen protestiert. Das ist natürlich für alle Kinder wichtig, aber um so wichtiger für ein „schwieriges Kind“, das dahin tendiert, ständig einen Machtkampf zu provozieren.

Deine Strategie für einen willensstarken Krabbler sieht also folgendermaßen aus:

- Beginne gut ausgeschlafen und gut gelaunt den Tag mit dem Vorsatz, dich durch nichts unterkriegen zu lassen.
- Hab eine Vision für die Zukunft deines kleinen „Rebellen“ und bete für ihn.
- Gib ihm viel Gelegenheit, sich müde zu toben.
- Gib wenig Kommandos, und achte seine Eigenständigkeit.
- Dein Ja sei ein Ja, und dein Nein ein unumstößliches Nein!

Wenn beharrliche Ermutigung, Geduld und Beständigkeit sowie Ablenkung nicht zum Ziel führen und dein Krabbelkind trotz allem einen Machtkampf provoziert, dann gib ihm einen Klaps auf die Finger oder auf den saftigen Oberschenkel als klare und schmerzhafte Botschaft: „Halt, mein Lieber, so geht es nicht! Es ist besser, du gehorchst mir. Ich meine es gut mit dir!“

Von 12 bis 24 Monaten

Worauf es ankommt:

▷ Die wesentlichen Merkmale des zweiten Lebensjahres sind das Laufen- und das Sprechenlernen. Der Moment, in dem ein Kind die ersten aufrechten Schritte geht, ist immer ein Familienhöhepunkt. Ebenso die zunehmende Sprachentwicklung. Freue dich schon darauf!

▷ Alles, was du tust, wird dem Kleinen jetzt wichtig. Als ständiger Begleiter und eifriger Nachahmer wird er dir folgen, wo immer du hingehst.

▷ Laß das Kind mithelfen, und unterstütze alle Selbständigkeitsversuche: Was ein Kind allein kann, soll es auch selbständig tun!

▷ Sorge dafür, daß dein Kind mit anderen Kindern zusammenkommt und mit ihnen spielen lernt. Warten können, verzichten, Gutes tun und abgeben muß geübt werden. Das geschieht im Umgang mit Familienmitgliedern und Spielkameraden.

▷ In diesem Alter entwickelt das Kind einen festen Schlafrhythmus, der auch möglichst eingehalten werden sollte. Schlafengehen muß etwas Schönes sein. Das

Ins-Bett-Gehen darf niemals als etwas Bedrohliches oder als Strafe hingestellt werden.

▷ Irgendwann zwischen zwölf und vierundzwanzig Monaten wird ein Kind die Autorität seiner Eltern herausfordern. Unterscheide zwischen Freiheitsdrang und Machtspiel! Bei dem ersten: Bewahre Humor und bleibe großzügig. Bei dem zweiten: Erfasse die Zügel der Autorität rechtzeitig, denn dies ist ein entscheidendes Alter.

Laufen und Sprechen lernen

Das zweite Lebensjahr birgt rasante Veränderungen und Lernprozesse. Von allen Entwicklungen, die ein Kind in den ersten beiden Jahren durchmacht, ist die zunehmende Körperbeherrschung wohl die auffälligste: Vom Liegen über das Sitzen zum Krabbeln und aufrechten Gehen. Und parallel dazu die Sprachentwicklung! Vor deinen Augen vollzieht sich ein Wunder: Aus dem sabbernden Baby-Lallen entwickelt sich innerhalb von knapp zwei Jahren eine verständliche Sprache – und das allein durch Zuhören und Nachahmen!

Das ist eine erstaunliche Feststellung: Ein Kind wird später in einem vergleichbaren Zeitraum nicht mehr soviel lernen wie in den ersten vierundzwanzig Monaten. Also meine nicht, dein Kind sei ein kleines, süßes, einfältiges Ding, das erst einmal groß werden muß, um überhaupt etwas zu kapieren.

Bei uns war der Tag, an dem ein Krabbler die ersten selbständigen Schritte machte, stets ein Freudenfest. Alle Familienmitglieder bildeten einen Kreis und schrien „Hurra!“, wenn es ein paar Schritte vorwärts ging, und „Oh!“, wenn der Kleine rücklings auf das dicke Windelpolster plumpste. Hat ein Kind erst einmal die physikalische Gesetzmäßigkeit zum Gleichgewichthalten entdeckt, ist es nicht mehr zu bremsen. Auf geht's, mit neuem Elan wird die Welt in all den Ecken erobert, die vorher nicht so schnell zu erreichen waren.

Übrigens, die zunehmende Körperbeherrschung ist nicht in erster Linie das Ergebnis der Übung, sondern der Reifung. Die Nervenbahnen, über die das Gehirn die Muskelbewegungen steuert, und Teile des Gehirns selbst, die daran beteiligt sind, sind bei der Geburt noch nicht vollständig ausgereift. Es hat also keinen Sinn, ein dreimonatiges Kind regelmäßig auf die Beine zu stellen in der Hoffnung, daß es dann eher stehen kann. Erst wenn die entsprechende Reifung vorhanden ist, wird Übung sinnvoll und förderlich.

Fast alle Kinder haben nun auch große Freude am Sprechenlernen. Sie schleppen Bilderbücher an, die du mit ihnen angucken sollst: „Da? Da?" Eifrig patschen sie auf die einzelnen Abbildungen, wollen wissen, wie sie heißen, und sprechen dir die Namen nach. Unermüdlich üben und üben sie, bis das Wort endlich einigermaßen richtig aus dem Mund kommt. Was Eltern jetzt brauchen, ist genügend Zeit, um auf den Wissensdurst einzugehen. Ich weiß, was es heißt, wenn der Kleine zum x-ten Mal mit dem geliebten, zerfledderten Bilderbuch kommt und fordert: „Mama, vorlesen!" Ganz ernsthaft wollen und können sie sich bereits mit dir unterhalten.

So wird Sprechen gelernt: durch Nachahmen und Üben. Selbst, wenn du abends nach der Zubettgehzeremonie erschöpft alle Viere im Sessel ausstreckst, für deinen kleinen Sprachkünstler ist der Tag oftmals noch nicht abgeschlossen. Bis zum Einschlafen übt er noch einmal alle neuen Wörter durch: „Esther schlafen, Mirke schlafen, Papa auch schlafen, Tirza schlafen … Nein, Tirza nicht schlafen!!!"

Das Vorbild der Eltern

Alles, was du tust, wird dem Kleinen jetzt wichtig: das Kochen, das Einkaufen, das Reparieren, das Musizieren. Du hast einen ständigen Begleiter und Nachahmer. Erledigst du deine Arbeit fröhlich und singend, hörst du deinen Kleinen garantiert munter herumkrächzen, während er in der Spielecke vor sich hin werkelt. Umgekehrt: Gerätst du bei manchen Sachen aus der Haut und schimpfst du wütend vor dich hin, wundere dich nicht, wenn du das auch bei deinem Kind entdeckst. Der Einfluß deines Vorbildes ist größer, als du vielleicht wahrhaben willst.

In diesem Alter ist der Vater auf jeden Fall gefragt! Ich weiß, daß manche Männer mit Säuglingen nicht soviel anfangen können, leider! Aber jetzt, wo das Kind „handlicher" geworden ist, kannst du als Mann mehr mit ihm anstellen: aus Bauklötzen Türmchen bauen, die Puppe in die Kleider zwängen, hinter dem Ball herkrabbeln, als Klettergerüst herhalten und noch einmal das Bilderbuch vorlesen. Zieh bloß nicht so ein langes Gesicht, was meinst du, was deine Frau schon den ganzen Tag gemacht hat!

Ein ganz wichtiger Dienst ist, das Kind bei deinen Erledigungen mitzunehmen: auf den Weg zur Post oder zur Bank, zur Gartenarbeit, zum Autoreparieren. Das schätze ich sehr an Eberhard: Wenn er etwas zu tun hat, ist er eigentlich nie allein. Die Kleinsten springen um ihn herum, plaudern und helfen. Was gibt es dabei nicht alles zu lernen!

Gerade wenn Väter den ganzen Tag außer Haus arbeiten, sind solche Momente besonders wichtig. Ein Vater, der so auf seine Kinder eingeht, steht bei ihnen immer hoch im Kurs, wird bewundert und nachgeahmt.

Unterstütze alle Selbständigkeitsversuche

Mit eineinhalb Jahren will ein Kind fast alles selber machen. „'Leine machen, 'leine machen!" schreit es, wenn du ihm schnell die Hose hochziehen willst. Laß es probieren, wie weit es kommt. Es will den Tisch decken, es will, wie du, die Kartoffeln schälen, die Fensterscheiben putzen. Nun gut, manches geht wirklich nicht, aber wo es nur möglich ist, arbeitet zusammen. Dabei werden unbezahlbare Lektionen für das zukünftige Leben gelernt.

Spaziergänge können jetzt für Eltern sehr lang und ermüdend werden. Jede kleine Pfütze, jedes Mäuerchen, ein Stock, eine Schnecke, die vielen bunten Blätter, der erste Schnee ..., alles lädt zum Verweilen ein.

Warum bist du ungeduldig? Warum treibst du zur Eile an? Eine ganz neue und spannende Welt wird gerade entdeckt und erobert. Versuch dich in die Situation deines Kindes zu versetzen. Tu einmal so, als wenn du diese Dinge auch zum ersten Mal sehen würdest! Das wird dich gelassener machen.

Eine Mutter sagte humorvoll: „Ich gehe nicht spazieren. Ich ‚stehe' spazieren!" Sie gibt den Rat, immer ein Taschenbuch dabei zu haben. Sie hätte stehenderweise schon ganze Bände verschlungen.

Spiel mit Gleichaltrigen

Kinder dieses Alters fangen an, aufeinander zuzugehen, sich anzufassen, sich zu füttern, einander nachzuahmen, aber auch Gegenstände wegzunehmen und weh zu tun.

Friedlich miteinander spielende Kinder sind der Wunschtraum aller Eltern. Aber das muß gelernt sein. Zunächst einmal sieht ein Kleinkind sich und seine Welt. Eine Schaufel will es gleich haben, egal, ob sie da liegt oder ob sie jemand anders in den Händen hält.

Warten können, verzichten, Gutes tun und abgeben muß eingeübt werden. Das Fundament dazu wird zu Hause im täglichen Umgang gelegt. Du darfst in diesem Alter nicht sofort auf jede Forderung eingehen. Ein Kind muß sich auf die freundliche Zusage der Mutter oder des Vaters hin gedulden lernen: „Warte bitte, bis ich den Kuchenteig fertig habe. Dann gieße ich dir ein Glas Milch ein!" Allerdings muß sich ein Kind dann auf das Versprechen der Eltern verlassen können. „Siehst du, jetzt bin ich fertig. Ich wasche mir nur noch die Hände, und dann bekommst du deine Milch. Schön, daß du so lieb gewartet hast."

Auch abgeben kann spielerisch erlernt werden. „Darf ich auch einmal damit spielen?" fragst du und läßt dir das Spielzeugauto geben. „Vielen Dank. Jetzt kannst du es zurückhaben." Mit diesen Worten schenkst du deinem Kind die Erfahrung, daß es Ausgeliehenes zurückbekommt. Je größer die emotionale Geborgenheit des Kindes, je tiefer die Erfahrung: „Auf meine Eltern kann ich mich verlassen!" und um so bereitwilliger wird es lernen, zu warten, zu verzichten und abzugeben.

Unter Kindern klappt es zunächst in der Regel nicht so reibungslos. Auch da muß es gelernt werden. Sieh zu, daß du dein Kind häufig unter gleichaltrige Spielkameraden bringst. Gerade bei einem ersten Kind oder bei einem Einzelkind ist der Umgang mit anderen Kindern sehr wichtig. Verabrede dich mit anderen Müttern, besucht euch gegenseitig, beginnt mit einer Kleinkindergruppe, stellt etwas auf die Beine!

Was tun, wenn sie sich gegenseitig Spielzeug aus der Hand reißen und sich – wenn das nicht gelingt – in die Haare greifen?

Einfach gewähren lassen wäre nicht richtig, aber alles sofort zu regeln genausowenig. Bemühe dich zunächst einmal, dein Kind auf die Gefühle und Empfindungen des anderen aufmerksam zu machen: „Sieh mal, das

Mädchen weint, es möchte zu gern auch einmal mit deiner Puppe spielen". „Guck, wie traurig er ist, weil du ihm die Schaufel weggenommen hast. Willst du ihm nicht deinen Eimer dafür geben?"

Solche Sätze helfen natürlich nicht immer und auch nicht sofort, tragen aber dazu bei, sich in den anderen hineinzuversetzen und Rücksicht zu nehmen. Zeigt das Kind absolut keine Einsicht oder tut es dem anderen mehrmals weh, helfen keine zuckersüßen Reden, dann mußt du härter eingreifen und die beiden Streithähne auseinanderbringen.

Ins Bett gehen

Schlafengehen sollte etwas Schönes und Angenehmes sein. Etwas, was man gern tut, worauf man sich freut und wobei man sich wohl fühlt. So geht es zumindest mir, wenn ich ans Bett denke.

Dabei führt gerade das Zubettgehen in vielen Familien zu täglichen Auseinandersetzungen, und die Schlafenszeiten von Kindern sind oft von Ängsten und Unruhe gekennzeichnet. Es muß wohl einige Kardinalfehler geben, was das Thema Schlafengehen betrifft. Laß mich mal ganz von vorn beginnen.

Zunächst einmal brauchen Säuglinge und Kleinkinder unterschiedlich lange, bis sie zu einem festen Schlafrhythmus finden. Wie unterschiedlich Kinder sind, merkst du schon daran, daß der eine Säugling bereits nach wenigen Wochen nachts durchschläft, während der andere seine Eltern ganze zwölf Monate nicht in Ruhe läßt. Der eine schläft am Tag zweimal kurz, der andere einmal und dafür länger. Das mußt du beobachten und berücksichtigen. Wenn erst einmal der Rhythmus festliegt, meine ich, ist es besser, diesen nach Möglichkeit einzuhalten und nicht laufend zu ändern. Ich würde das

Kind nicht mehr überall hin mitnehmen und es auch nicht meinem eigenen Zeitplan anpassen.

Heute abend haben die Eltern etwas vor, und die Kleinen müssen vor der Zeit ins Bett. Morgen ist ein freier Abend, und sie können bis um zehn durchs Haus springen, und am Wochenende hängen alle bis in den späten Vormittag in den Federn. Das machen die wenigsten Kinder problemlos mit. Nur logisch, daß sie nicht schlafen wollen, wann es den Eltern gerade paßt. Feste Zubettgehzeiten, die dem Vermögen der Kinder angepaßt sind und wie selbstverständlich zum Tagesablauf gehören, erleichtern das Zusammenleben.

Was das Schlafengehen betrifft, haben wir in all den Jahren eigentlich nie Probleme gehabt, bis auf die Zeiten, wo ein Kind krank war. Da wir gleich mit sechs Kindern anfingen, waren wir – anders als eine Kleinfamilie – gezwungen, mit festen Regeln zu leben, was Essen, Spielen und Schlafen betrifft. Das hat sich positiv ausgewirkt. Durch die Regelmäßigkeit des Tagesablaufs haben sich die Kinder sicher gefühlt und waren ausgeglichen.

Eltern müssen wissen, daß das Schlafbedürfnis selbst bei Kleinkindern unterschiedlich groß ist. Man sagt, daß Kinder in diesem Alter 12 – 14 Stunden Schlaf brauchen. Wenn ein Kind morgens um sieben Uhr aufsteht, tagsüber noch zwei Stunden schläft, dann darf es abends frühestens um sieben Uhr wieder schlafen gehen. Ich meine, daß manche Eltern das unterschiedliche Schlafbedürfnis ihrer Kinder oft nicht berücksichtigen und mehr von ihrer eigenen Ruhebedürftigkeit ausgehen als von dem Bedürfnis des Kindes. Abends wollen sie ihre Ruhe haben, und schwupps ist der Kleine um sieben im Bett. Aber mittags möchte Mutti auch eine Pause machen: Der Mittagsschlaf muß eingehalten werden! Kein Wunder – jedes Kind, das nicht richtig müde ist, wird Theater machen.

Beobachte, wie dein Kind geraten ist. Will es abends nicht richtig einschlafen, fang an, die Schlafenszeiten am Tag zu kürzen. Laß es vielleicht nur jeden zweiten Tag, oder nur, wenn es richtig müde ist, einen Mittagsschlaf machen. Wir haben Kinder gehabt, die jeden Mittag ihr Schläfchen haben wollten und nachts auch gut geschlafen haben. Andere haben mit zwei Jahren keinen Mittagsschlaf mehr benötigt, aber sind dann garantiert von sich aus um sieben zielstrebig auf ihr Bett zugesteuert.

Das Ins-Bett-Gehen sollte niemals als etwas Bedrohliches oder als Strafe hingestellt werden, sondern als etwas Schönes und Notwendiges. Hüte dich davor, das Bett als Straflager zu benutzen: „Wenn du nicht gleich aufhörst, gehst du heute früher ins Bett!"

Haben sich Kinder genügend müde getobt, haben sie genug Sauerstoff gehabt, trägt dies auch dazu bei, daß sie sich abends nach ihrem Bett sehnen. Gerade bei schlechtem Wetter, wenn Kinder zuwenig Bewegung haben, kann es vorkommen, daß sie abends verrücktspielen. Das kann auch vorkommen, wenn sie viele ungute Reize zu verarbeiten haben, zum Beispiel durch das Fernsehen. Gedankenlose Eltern machen sich gar keinen Begriff davon, was dadurch kleinen Kindern zugemutet wird. Kein Wunder, wenn sie nicht allein im Bett bleiben wollen!

Was immer auch vorliegen mag, mitunter können Eltern nervenaufreibende Bettszenen erleben. Wenn es klar ist, daß Bockigkeit vorliegt, wenn der Kleine zum Beispiel total überdreht ist, schreit wie am Spieß und aus dem Bett will, dann kann sanfte Gewalt besser sein als viele Worte. Du drückst das sich aufbäumende Kind behutsam, aber bestimmt in die Kissen, und wenn das nicht hilft, muß ein Klaps herhalten. Manche Eltern sind regelrecht verblüfft über die schnelle Wirkung. Aber wie gesagt, das nur, wenn eindeutig Bockigkeit vorliegt.

Ganz wichtig erscheint es uns, die Kinder „in den Frieden des Christus" einzubetten. Dazu gehört eine kleine Abendandacht, das gemeinsame Singen und Beten. Auf die christliche Unterweisung von Kleinkindern gehe ich in einem späteren Kapitel noch ein. Deswegen erwähne ich es an dieser Stelle lediglich. Ein Kind, das liebevoll umsorgt, mit guten Gedanken und dem Wissen, daß Jesus und die Engel über es wachen, die Augen schließt, wird doch wohl besser schlafen als ein Kind, das mit Gezeter vom Fernseher weg ins Bett gescheucht wird.

Hinzu kommt das fürbittende Gebet der Eltern. Nahezu jeden Abend sind wir vor unserem eigenen Zubettgehen von Kinderbettchen zu Kinderbettchen gegangen und haben die schlafenden Kinder gesegnet und unter den Schutz des Blutes Christi gestellt. So haben wir, selbst mit den vielen Kindern, fast immer ein friedevolles „Nachtleben" geführt.

Nachts ins Elternbett?

„Aber was soll ich tun, wenn ein Kind nachts aufwacht und schreit? Soll ich es schreien lassen? Soll ich hingehen?" werde ich oft gefragt.

Meine Antwort ist die: Ich würde grundsätzlich nach einigen Minuten hingehen, mich an das Bett knien und das Kind trösten. Ich würde nach dem Grund fragen, es streicheln und mit ihm beten. Meistens schläft es dann gleich wieder ein.

„Was ist, wenn sich ein Kind nicht beruhigen läßt? Würdest du es mit ins Elternbett nehmen?"

Ich persönlich tue es ungern. Denn irgendwann muß ja auch mal Feierabend sein. Es darf sich nicht alles um die Kinder drehen, die eheliche Intimsphäre im Schlafzimmer ist genauso wichtig! Ausnahmen gibt es natürlich immer. Auch ich habe ein Kind, das sich einfach nicht trösten ließ, in unser Bett krabbeln lassen. Aber zunächst einmal versuche ich, ein Kind an seinem Bett zu beruhigen und zu trösten und es erst gar nicht auf die Idee kommen zu lassen, sich bei Mama oder Papa zu verkriechen. Dafür ist der Sonntagmorgen da oder ein anderer Tag, an dem wir alle ausschlafen können. Ich weiß um die Probleme der Eltern, die da zu nachgiebig waren und jetzt ihre Kleinen einfach nicht mehr aus dem Ehebett bekommen. Angefangen hat es vielleicht mit einer kleinen Not, aber dann wurde es Gewohnheit, weil es ja wohl kaum etwas Schöneres gibt, als sich bei Mama oder Papa einzukuscheln. Nun, zum Kuscheln, meine ich, gibt es auch noch andere Zeiten.

Was kann ich erwarten?

„Welche Anforderungen kann ich an ein Kleinkind im zweiten Lebensjahr stellen? Was kann ich überhaupt erwarten?"

Das ist die Frage aller jungen Eltern, besonders beim ersten Kind. Sie nehmen ihren Erziehungsauftrag sehr ernst, haben auch Bücher gelesen und ein Erziehungsseminar besucht und – überfordern ihr Kind! Sie kommandieren herum, stellen Erwartungen, die erst später dran sind, und wundern sich, daß ihr Kind so unwillig oder rebellisch ist.

Laß mich einmal aufzählen, was ich von so einem Kleinen in meiner Familie nicht erwarten würde. Mir tut es nämlich weh, wenn ich so mitbekomme, wie es andere, unerfahrene Eltern halten.

Tischsitten

Ich erwarte zum Beispiel nicht, daß unsere Jüngste so lange am Tisch sitzen bleibt, bis auch die Ines mit Essen fertig ist – die braucht nämlich immer am längsten, weil sie soviel zu erzählen hat. Wenn unsere Zweijährige fertig ist, darf sie aufstehen und spielen. Das Zusammensitzen, bis alle ihre Mahlzeit abgeschlossen haben, erwarte ich erst von den Fünf- bzw. Sechsjährigen. Schließlich ist dies ein Akt der Höflichkeit und zeigt, daß Tischgemeinschaft nicht nur Nahrungsaufnahme ist, sondern auch Möglichkeit der Kommunikation. Wenn Eltern mit ihren Kindern plaudern, bleiben sie auch lieber sitzen. Unser „privates" Gespräch haben wir dann nach dem Essen bei einer Tasse Kaffee.

Eine ähnliche Regelung gilt für den Essensbeginn. Nach dem Gebet kann die Kleine anfangen zu essen, während alle anderen warten, bis sich der letzte aufgetan hat, und Mama, die Köchin, guten Appetit wünscht. Wenn alle gleich losschaufeln würden, ist bei einer größeren Familie der erste nämlich schon fertig, wenn sich der letzte gerade seinen Teller gefüllt hat.

Ich erwarte von einem Kleinkind auch nicht, daß es alles vom Teller aufißt. Da gibt es nämlich ganz perfektionistische Eltern, die ihr Kind bedrängen: „Ein Löffelchen für Mama, ein Löffelchen für Papa ..." Eine Mutter, die mit drei Erbsen, aufgespießt auf einer Gabel, beschwörend oder drohend vor ihrem Kleinen sitzt, befindet sich in einer wahrhaft lächerlichen Position!

Hast du ein gesundes Kind, darfst du davon ausgehen, daß es seinen Bedarf selbst regelt, auch wenn es zwischendurch beängstigend wenig ißt. Bei einem schlechten Esser würde ich erst recht auf eine gesunde Ernährung achten und die Süßigkeiten drosseln. Aber sonst laß dein Kind selbst bestimmen, wieviel es essen will. Wir wollen ja schließlich nicht Vorschub für eine spätere Freß- bzw. Magersucht geben, die sich aus den frühkindlichen Machtkämpfen zwischen Eltern und Kindern ergeben könnte. Ißt dein Zweijähriger sein Frühstücksbrot nicht, leg es ohne große Kommentare zur Seite. Kommt er später angerannt, weil er Hunger hat, biete ihm genau dieses Brot an. Kneift der Magen, wird er auch essen. Es ist noch kein Kind vor einem vollen Tisch verhungert.

Eine andere Szene: „Sag mal, was soll ich tun? Meine Tochter ißt immer die Wurst vom Brot und will das andere nicht anrühren."

Meine Rückfrage: „Wie gibst du ihr denn das Brot?"

„Nun, ich schmiere ihr eine Scheibe und geb sie ihr dann."

„Ich würde es anders machen. Ich würde Häppchen schneiden und immer eins nach dem anderen hinlegen."

„Und wenn sie dann immer noch die Wurst runterpult?"

„Dann würde ich es ihr in den Mund schieben."

„Aber dann spuckt sie es aus!"

„Nun gut, das ist immer noch kein Grund für ein Theater. Ich würde eine Pause machen, in Ruhe mein Brot essen und es noch einmal probieren. Klappt es immer noch nicht, würde ich die Mahlzeit für beendet halten. Paß gut auf, daß Mahlzeiten nicht zu Machtkämpfen werden!"

Was das zweite und auch das dritte Lebensjahr betrifft, sehe ich die Sache ziemlich locker. Natürlich brauchen unsere Kinder Eßmanieren, aber sie müssen nicht in diesem Alter eingepaukt werden. Wenn dein Kind vier oder fünf Jahre alt ist, dann muß es lernen, am Tisch sitzen zu bleiben, nicht unmöglich herumzulümmeln, sich selbst aufzutun und dann auch aufzuessen.

Sauberkeitserziehung

Ein Wort zum Thema „Sauberkeitserziehung". Eigentlich ist es in diesem Kapitel noch gar nicht dran. Aber ich stoße immer wieder auf Eltern, die damit zu früh beginnen. Bei manchen steckt falscher Ehrgeiz dahinter, andere sind das ewige Windelnwechseln einfach leid. Aber auch was die Kontrolle der Ausscheidung betrifft, muß eine gewisse körperliche und seelische Reife vorliegen, nämlich, daß das Kind die Schließmuskeln bewußt betätigen kann.

„Erst nach Erreichen der Fähigkeit, sicher und selbständig laufen zu können, und erst, nachdem die Sprache zu sinnvollen – wenn auch kleinkindhaften – Laut- und Wortformulierungen eingesetzt werden kann, sollte erstmals eine vorsichtige Gewöhnung an den Topf versucht werden. Erst jenseits des zweiten Lebensjahres ist das sinnvoll. Man sollte jedoch nicht meinen, daß diese Leistung von einem bestimmten, fixierten Lebensmonat ab erreicht und beherrscht werden müßte. Das individuelle Entwicklungstempo und die Bereitschaft des Kindes zur Abgabe sind unbedingt zu berücksichtigen. Zu frühe ‚Sitzungen', besonders wenn sie mit Zwang, Ungeduld und Strenge durchgeführt werden, bewirken häufig eher das Gegenteil: das Kind bekommt eine Abneigung gegen den Topf, ist nicht mehr dazu zu bewegen, darauf sitzen zu bleiben, beginnt die ‚Abgabe' zurückzubehalten, will nicht mehr hergeben, so daß eine psychisch bedingte Verstopfung einsetzt" (*Schetelig,* S. 50).

Ich habe meine Kinder nie zum Töpfchensitzen gezwungen und meine auch, daß man dieses Thema – gerade in unserer heutigen Pampers-Zeit – nicht zu verbissen angehen sollte.

Wenn du meinst, daß dein Kleines auch schon vor dem zweiten Geburtstag dazu bereit sei, dann teste es vorsichtig – ganz ohne Druck. Vielleicht hast du Glück. In dem Alter mochten meine Kleinen das Töpfchen außerordentlich gern – sie schmissen Spielsachen rein, trugen es vor dem Bauch durch die Wohnung oder setzten es als Hut auf den Kopf! So habe ich es schnell sein lassen und es einige Monate später wieder probiert. Eine pfiffige Mutter wird mit der Zeit schon herausfinden, wann die tägliche Zeit für das große Geschäft ist, oder wird am verkniffenen Gesichtsausdruck beobachten: Jetzt drückt es wieder. Dann aber schnell das Töpfchen geholt! Setz dich ruhig dazu. Ein Kind sollte – zumindest in der Anfangszeit – nicht allein auf dem Töpfchen gelassen werden. Und wenn dann tatsächlich das „Geschäft" im Töpfchen dampft, dann lobe das Kind über den grünen Klee, und steck ihm als angenehme Erinnerung eine Belohnung zu. Stolz wird es die Portion zum Klo tragen und dort verschwinden lassen.

Ein günstiger Zeitpunkt zum Beginn der Sauberkeitserziehung ist die Sommerzeit. Wenn das Kind im Garten oder im Urlaub ohne Windel im Freien herumspringen kann, entdeckt es oft recht schnell, die eigene Ausscheidung zu beachten und auch zu kontrollieren. So lernte unsere Tirza mit zweieinviertel Jahren im letzten Urlaub problemlos, trocken zu werden.

Aufräumen

Wie steht es mit dem Aufräumen? Ich muß es hier erwähnen, weil ich wiederholt festgestellt habe, daß es Mütter gibt, die tatsächlich von ihrem Eineinhalbjährigen erwarten, daß er aufräumt. Und das finde ich nicht richtig. Selbst bei einem Zweijährigen ist es noch zu früh, es sei denn, es geschieht spielerisch. Natürlich sind sie in diesem Alter überaus hilfsbereit. Sie wollen dir beim Räumen helfen, die Küche wischen, den Tisch decken, liebend gern Waschbecken putzen. Alles, was mit Wasser zu tun hat, sowieso: Gemüse waschen, Teller abspülen ... Das sind alles Dinge, bei denen du deine Kinder wirklich mitmachen lassen solltest. Selbst wenn du hinterher die halbe Küche wischen mußt – laß ihnen den Spaß. Denn Spaß muß es bleiben! Ein Zweijähriger hat noch nicht die Reife und die Ausdauer, daß du es regelmäßig verlangen könntest.

Das betrifft auch das Aufräumen des eigenen Zimmers oder der Spielecke. In diesem Alter geschieht das spielerisch und gemeinsam. So nach dem Motto: „Ich nehme die Bauklötze, und was willst du wegräumen? Die Puppensachen? Schön. Mal sehn, wer eher fertig ist!" Ein ernsthaftes, eigenständiges Aufräumen und Ordnung Halten ist dann meines Ermessens erst im Vorschulalter dran.

Gerade diese Dinge, die ich aufgezählt habe: Still sitzen bleiben, alles aufessen, ordentlich aufs Töpfchen machen und aufräumen, das sind oftmals die Dinge, auf die Eltern in zu frühem Alter zu großen Wert legen; und dann haben sie auch immer Anlaß, unzufrieden zu sein, zu schimpfen und zu strafen. Das finde ich unangebracht. Natürlich sind diese Dinge wichtig. Aber alles zu seiner Zeit. Setzt du damit an, wenn dein Kind vier Jahre alt ist, wirst du wesentlich schneller und mit weniger Ärger ans Ziel kommen.

Was darf ich nicht durchgehen lassen?

„Wenn die Kleinen nun schon so einen großen Freiraum bekommen, gibt es denn Dinge, die ich auf keinen Fall durchgehen lassen darf?"

Ja, die gibt es. Und darauf habe ich auch immer großen Wert gelegt. Immerhin werden in diesem Alter auch die Weichen für spätere, grundsätzliche Umgangsformen gelegt.

Dazu gehören offene Aggressionen, mutwilliges Zerstören und langes, wütendes Brüllen.

Du solltest es nicht dulden, wenn dein Kind unwillig auf dich einschlägt oder seine Geschwister traktiert. Und das tun zum Teil schon Krabbelkinder. Halte ihm das Ärmchen fest und sage ernst: „Du, das darfst du nicht. Das tut weh." Wenn er weiterschlagen will, wiederhole es, und wenn es mehrmals sein muß. Hilft es nicht, dann gib ihm einen Schlag auf die Finger.

Ebenso sind Geschrei, das wütende Zerstören von Spielsachen und das Herumschmeißen von Lebensmitteln Zeichen von unangemessener Aufmerksamkeitsheischerei oder Rebellion.

Als wir damals einen zweieinhalbjährigen Jungen aus einem Säuglingsheim bei uns aufnahmen, bemerkte die Heimleiterin beim Abschied: „Ach, was ich Ihnen noch sagen wollte, der Junge schmeißt sich mindestens einmal am Tag auf den Fußboden, schreit und trommelt wie wild auf die Erde. Daran müssen Sie sich wohl gewöhnen. Nicht, daß Sie sich erschrecken."

Ich habe nicht geantwortet, aber gedacht: „Muß man sich mit so etwas wirklich abfinden?"

Und tatsächlich, noch am gleichen Tag warf er sich im Spielzimmer auf den Boden und führte sich auf wie gewohnt. Ich sammelte meine verschreckten Kinder und sagte gefaßt: „Kommt, lassen wir den Jungen allein. Das ist ungezogen. Wir gehen raus, bis er fertig ist." Gesagt, getan. Es verging schon einige Zeit, bis er fertig war. Am nächsten Tag das gleiche. Wieder zogen wir demonstrativ von dannen. Darauf kam es nicht mehr vor – offensichtlich fehlte ihm das Publikum!

Bei Aufmerksamkeitshascherei, wie in diesem Fall, kann dies die richtige Reaktion sein. Liegt allerdings eine Rebellion vor, provoziert das Kind also einen Machtkampf, wird es passender sein, sich nicht selbst fortzubewegen, sondern das Kind zu isolieren oder ihm einen Klaps zu geben, wenn es nach der Aufforderung, mit dem Geschrei aufzuhören, erst recht mit noch größerer Lautstärke weitermacht.

Ich konnte es kaum fassen: Unsere süße Tirza, noch nicht einmal zwei Jahre alt, macht plötzlich am Eßtisch ein Geschrei, weil ihr etwas nicht paßt. Zuerst ignoriere ich es. Als Dank dreht sie die Lautstärke noch höher.

Nun muß ich eingreifen: „Tirza, das geht so nicht. Am Tisch darf man nicht so schreien. Da vergeht uns ja der Appetit. Hör bitte auf!! Sonst muß ich dich vor die Tür setzen." Dabei streichele ich sie und versuche sie abzulenken. Sie hört *nicht* auf. Also nehme ich sie und setze sie auf die unterste Treppenstufe vor der Tür. Es ist eine durchsichtige Glastür.

„Wenn du aufgehört hast, kannst du wieder hereinkommen."

Nun gut, nach wenigen Minuten hole ich sie herein. Au wei, das ganze Theater geht wieder von vorn los. Jetzt aber zusammenreißen und mit ruhigen Worten wieder vor die Tür gesetzt. Dann kapiert sie endlich und fügt sich.

„Oh", meint ihr großer Bruder. „Da hab ich wohl auch des öfteren sitzen dürfen. Aber geschadet hat es mir anscheinend nicht."

Für wenige Minuten in Sichtweite zu isolieren ist die richtige Konsequenz, wenn ein Kind ein Riesentheater macht. Wehre diesen Aufbrüchen schon in den Anfängen, aber ruhig und beherrscht, ohne selbst zu zetern oder zu schreien.

Freiheitsdrang oder Machtspiel?

Irgendwann zwischen dem ersten und zweiten Geburtstag geht es los: Wie kommen die süßen Kleinen nur darauf, uns durch Geschrei, Unwilligkeit und Ungehorsam herauszufordern?

Einmal ist es schlicht und einfach das Ergebnis größerer persönlicher Freiheit. Das Kind entdeckt, daß es wer ist und einen Willen hat. Das feste Stehen auf den Beinen bringt ja auch einen wesentlich größeren Aktionsradius. Mit wehenden Haaren und ausgestreckten Armen läuft es juchzend in genau die andere Richtung, wenn du es rufst. Das würde ich als Zeichen der neu entdeckten Freiheit sehen.

Wenn deine Tochter aber mit herausforderndem Blick den Finger in die Marmelade bohrt, liegt eine andere Situation vor. Du sagst freundlich und lieb: „Laß das bitte sein!“ Sie zieht den Finger zurück, um ihn dann mit flakkernden Augen um so tiefer hineinzubohren. Jetzt geht es nicht um das Auskosten persönlicher Freiheit, nein, die kleine Amazone provoziert ein Machtspiel.

Dies sind zwei total unterschiedliche Situationen, die von den Eltern verschiedene Reaktionen erwarten. Genau diese Unterscheidungsfähigkeit müssen junge Eltern lernen.

Gib deinem Kind Freiheit, wo es um persönliche Entscheidungen geht – auch schon in diesem jungen Alter. Das kannst du erreichen, indem du Entscheidungsfragen stellst: „Möchtest du den roten oder lieber den blauen Pullover anziehen?“ Oder du hältst ihm den Teller mit dem Aufstrich hin und fragst:“Was möchtest du auf dein Brot haben?“

Zu viele Kommandos, zuviel Gereiztheit, Schimpfen, Gängeln machen auch schon kleine Kinder unwillig und aggressiv. Plötzlich meint so eine Mutter, ein schwieriges Kind zu haben. Aber in diesem Fall ist tatsächlich sie die Ursache der Spannungen.

Wie ich schon sagte, bewahre die Ruhe, gib deinem Kind viel Freiheit, spar dir das Nein für wirklich entscheidende Dinge auf. Ein Kind, das in diesem wohltuenden Rahmen persönlicher Entscheidungsfreiheit, Wertschätzung und Geborgenheit aufwächst, wird sich gelassener geben und auf Verbote williger eingehen.

Gerade nervöse, überängstliche und leicht reizbare Eltern haben unwillige und aggressive Kinder. Hier muß bei den Eltern unbedingt rechtzeitig ein Lernprozeß zu größerer Ruhe, Geduld, Gerechtigkeit und Humor eintreten. Das mußte ich auch lernen. In einem späteren Kapitel werde ich noch darauf eingehen.

Aber was hat es mit den „Machtspielen“ auf sich? Besonders das willensstarke Kind wird seine Eltern bis an die Grenze ihrer Belastbarkeit herausfordern. Was treibt ein Kind nur an, seine Mutter herauszufordern, den Vater abzulehnen und die Nachbarn zur Verzweiflung zu bringen?

Es stimmt einfach nicht, daß ein Mensch rein und unschuldig zur Welt kommt und sich dann erst, je nach Erziehungseinflüssen, zum Guten oder Schlechten hin entwickelt. Nein, jeder beginnt mit einer unguten Hypothek. In jedem steckt der Hang zur Sünde und zur Macht über andere. Das ist das realistische Menschenbild! So beschreibt es auch die Bibel. Schlag nur einmal Psalm 51, Vers 7 nach oder lies Römer 7, 18-19: „Denn ich weiß, daß in mir, das ist in meinem Fleisch, nichts Gutes wohnt; denn das Wollen ist bei mir vorhanden, aber das Vollbringen des Guten nicht. Denn das Gute, das ich will, übe ich nicht aus, sondern das Böse, das ich nicht will, das tue ich.“

Dieser Kampf zwischen Gutem und Bösen steckt in jedem Menschen, egal welchen Alters, und kann letztlich nur durch die Erlösung und Hilfe durch Jesus Christus siegreich bestanden werden. Bei einem willensstarken Kind tritt er halt ganz offen zutage, während er sich bei einem anpassungsfähigeren Kind mehr im Verborgenen abspielt.

Dieses Machtspiel beginnt ernsthafte Züge anzunehmen, wenn ein Kind zwischen zwölf und fünfzehn Monaten alt ist. Du darfst damit rechnen: ein eigenwilliges Kind wird versuchen, seine Eltern herauszufordern, wann immer es meint, gewinnen zu können. Diese Machtspiele haben zum Inhalt, festzustellen, wer das Sagen hat: Bestimmen meine Eltern, wo es lang geht, oder ich?

Erfasse die Zügel der Autorität rechtzeitig

Dies möchte ich dir wirklich nahelegen: Nimm jetzt die „Zügel der Autorität" fest in deine Hand. Ich glaube, du verstehst mich richtig: Damit meine ich keine harte, lieblose Erziehung, sondern eine Beziehung, die von Liebe und Humor, aber auch von fester Leitung getragen ist. Ich bin absolut gegen Härte und Prinzipienreiterei in der Erziehung. Es geht auch nicht darum, daß ein Kind „Gehorsam um jeden Preis" lernen muß. Der Freiheitsdrang deines Kindes muß anders bewertet werden als ein Machtspiel.

Bei einem Machtspiel mußt du der Gewinner bleiben!

Warum betone ich dies so stark für das zweite Lebensjahr?

James Dobson, der wohl bekannteste amerikanische christliche Kinderpsychologe, erläutert es in seinem Buch „Parenting is not for Cowards" folgendermaßen: „Haben Sie sich jemals Gedanken gemacht, wieso kleine Kinder Russisch, Chinesisch, Spanisch, Hebräisch oder irgendeine andere Sprache, der sie ausgesetzt werden, perfekt lernen können? Nicht den kleinsten Akzent wird man heraushören. Aber zwanzig oder noch mehr Jahre später wird es den meisten Menschen nur annähernd gelingen, den Tonfall der jeweiligen Sprache richtig zu finden. Forscher wissen jetzt, warum es so ist. Es wird durch einen Prozeß, der als ‚Laut-Kontraktion' oder ‚Tonschrumpfung' erklärt wird, herbeigeführt. Der Kehlkopf eines kleinen Kindes nimmt zunächst die Form an, die notwendig ist, um die Laute zu bilden, die das Kind zu der Zeit lernt. Dies verfestigt sich dann in diesen Positionen, so daß es in späteren Jahren unmöglich bzw. sehr schwer wird, andere Töne zu bilden. Es gibt also in jedem Leben eine kurze Zeitspanne, in der – linguistisch gesehen – alles möglich ist.

Ähnlich ist es mit der Haltung eines Kindes gegenüber elterlicher Autorität. Es durchläuft eine kurze Zeitspanne zwischen dem ersten und zweiten Geburtstag, in der Respekt und ‚Ehrfurcht' festgelegt werden. Aber diese Geschmeidigkeit wird nicht lange währen. Wenn das kindliche Ausstrecken nach Macht erfolgreich verläuft, wird es das nicht freiwillig aufgeben."

Zwischen 2 und 3 Jahren

Worauf es ankommt:

▷ Das Alter zwischen zwei und drei Jahren ist eine herrliche Zeit. Endlich ist das Kind so groß und so verständnisvoll, daß man einiges miteinander anstellen kann.

▷ Sprechen wird durch Nachahmen gelernt. Sprich langsam und deutlich. Kommentiere euer gemeinsames Tun, aber nicht in einer Babysprache. Warum soll dein Kind zweisprachig aufwachsen: mit Babydeutsch und Hochdeutsch?

▷ Hüte dich vor der Falle des ständigen Herumkommandierens, Gängelns oder Vorschlägemachens. Dein Motto sei: „Viel Freiheit! Wenig Kommandos! Wenig Regeln!“

▷ Kinder sind gute Zuhörer. Du wirst merken, daß nicht alles für Kinderohren gut ist, was du mit deinem Ehepartner oder deinem Besuch zu besprechen hast.

▷ Kuscheln und Schmusen ist für die emotionale Geborgenheit unerläßlich. Manche Kinder holen sich das von selbst, andere sind zurückhaltender. Laß keins zu kurz kommen.

▷ Wenn ihr euch ein neues Baby wünscht, trefft kluge Vorsorge, daß es bei dem älteren Kind nicht zu einem Babyneid kommt.

▷ Ein älteres Kind darf nicht nur Pflichten haben, sondern muß auch altersgemäße Vorteile kennen. Das läßt es die Last des Älterseins leichter tragen.

▷ Für das dritte Lebensjahr gelten im Wesentlichen die gleichen Erziehungsprinzipien wie in dem Jahr zuvor. Es gibt eine bewährte Erziehungsstrategie, die für die gesamte vorpubertäre Zeit gilt.

In meinen Augen ist das Alter zwischen zwei und drei Jahren eine ganz großartige und herrliche Zeit. Das nächtliche Aufstehen hat ein Ende, das Windelnwechseln darf auch bald vergessen werden. Endlich ist das Kind so groß und so verständnisvoll, daß man einiges miteinander anstellen kann.

Endlich vernünftig miteinander reden ...

Es ist wunderbar, daß du dich mit deinem Kind richtig vernünftig unterhalten kannst. Tue es ausgiebig. Mit großen Kulleraugen wird es dastehen und versuchen, dir etwas klar zu machen. Schau ihm dabei in die Augen, und ermutige es zu erzählen. Ihr werdet euch besser und besser verstehen.

Sprechen wird durch Nachahmen gelernt. Also sprich langsam und deutlich. Was ihr auch zusammen tut, kommentiere es: „Jetzt gehen wir einkaufen. Willst du nicht den Korb holen ...?“

Auch Dinge, von denen du meinst, daß sie das Kind noch nicht versteht, kannst du ihm mitteilen: „Ich muß bei der Krankenkasse anrufen und nach den Krankenscheinen fragen." Es wird versuchen, bekannte und unbekannte Wörter nachzusprechen. Wiederhole sie in der richtigen Aussprache und ergänze, wenn Sätze gemeint sind: „Papa!" – „Ja, da kommt Papa." „Da, wau-wau." – „Richtig, da läuft ein großer, schwarzer Hund."

Sprich mit dem Kind nicht in einer Babysprache – „ata ata gehen" oder so –, die vielleicht süß klingt, mit der du aber deinem Kind nicht hilfst. Erst bringst du ihm Begriffe in der Babysprache bei, und dann soll es Hochdeutsch lernen; dann lieber gleich Hochdeutsch!

Achtung vor der kleinen Persönlichkeit

Wenn du sagst: „Hol doch mal die Zeitung!", „Tu dies!", „Laß das sein!", versteht es das. Wie schön, und doch besteht darin eine Gefahr. Ängstliche, dominierende oder nervöse Eltern können in die Falle geraten, ihr Kind zu sehr zu gängeln oder zu kommandieren. Damit schneiden sie sich ins eigene Fleisch und vermiesen den Umgangston.

Solche Eltern sollten sich einmal einen Walkman an den Gürtel schnallen, dazu ein kleines Knopfmikrophon an den Kragen stecken und einen ganzen Vormittag aufnehmen, was sie so aus ihrem Mund herauslassen. Ich glaube, sie wären entsetzt über sich selbst!

Ein Kind braucht Freiheit. Wenn es zu enge Grenzen gesetzt bekommt, laufend herumkommandiert wird oder ständig Vorschläge hört, was es tun könnte, wird es darauf reagieren. Das eine als Anpasserkind: Es wird nicht selbständig spielen, sondern stets auf die Anregungen der Mutter warten. Das andere als Rebell: Es hält sich die Ohren zu und tut, was es will.

Diese beiden Extreme im Eltern-Kind-Verhalten beobachte ich recht häufig. Eberhard und ich, wir haben uns eintrainiert, wenig zu sagen gemäß dem Motto: „Wenig Worte, wenig Regeln!" Aber wenn wir etwas aussprechen, dann soll es gerechtfertigt sein, und dann erwarten wir, daß es spätestens nach zwei oder dreimaliger Wiederholung befolgt wird. Ein Kind, das ansonsten einen genügend großen Freiraum hat, wird sich eher etwas sagen lassen als ein Kind, dessen Tagesablauf ohnehin von unzähligen Kommandos abgedeckt ist.

Achte darauf, wie du mit dem Kind sprichst. Erwartest du etwas, sag ruhig: „Bitte!“ Und wenn das Kind eine Aufgabe erledigt hat, erwidere: „Danke!“ Der Umgangston in einer Familie sollte umkehrbar sein, das heißt: So, wie du mit dem Kind sprichst, darf es auch mit dir sprechen! Das verbietet dir von vornherein einige Unmutsäußerungen. Oder würdest du dich gern als „Dummkopf“, „alter Trottel“ oder „Quatschkopf“ betiteln lassen?

Hast du Schwierigkeiten mit deinem Temperament, dann mach dir immer wieder bewußt: „Mein Kind ist das Eigentum Gottes und mir für die Jahre seiner Unmündigkeit als eine Leihgabe anvertraut!“ Eine persönliche Gabe deines Schöpfergottes solltest du mit großer Sorgfalt und Wertschätzung umgeben.

Das ganze Zusammenleben wird lieblicher, wenn Eltern und Kinder verstehen, einander wertschätzend zu begegnen. Und das beginnt in den frühen Kindheitsjahren.

Ich liege auf dem Sofa und ruhe mich aus. Meine kleine Tirza kommt herein und knipst das Licht an. „Mama, bitteschön“, ruft sie. Ich reagiere nicht. „Mama, bitte!“ Wieder bemerke ich es nicht. „Mama, bitte! Mama, bitte!!“ Endlich schalte ich: „Oh, danke, mein Schätzchen!“ Zufrieden, mit einem breiten Lächeln im Gesicht trollt sie sich davon. Nein, nein, dauert das lange, bis Eltern endlich einmal Höflichkeit lernen!

Nicht alles ist für Kinderohren

Kinder sind gute Zuhörer. Als junges Ehepaar waren wir gewohnt, uns zu jeder Zeit über alles zu unterhalten. Dann hatten wir die ersten sechs Sprößlinge. Wieder sitzen wir am Mittagstisch und tauschen angeregt über eine Seelsorgesituation aus. Plötzlich registriere ich, wie die

Essensgeräusche um uns herum aufhören und die Kinder aufmerksam lauschen. Sie kannten die Person, von der wir sprachen.

Da wußten wir, daß die Zeit der tiefen Gespräche vor den Kinderohren vorüber war. Fing dann doch einer von uns beiden an, über Vertrauliches zu plaudern, schaute ihm der andere tief in die Augen oder gab ihm einen kleinen Stoß ans Schienbein. „Au! Ach, ja. Danke für die Erinnerung."

So wird es euch auch bald gehen. Nicht alles, was Erwachsene sich zu sagen haben, ist für Kinderohren bestimmt. Stell dich schon darauf ein. Wir haben uns angewöhnt, bei den Mahlzeiten für die Kindergespräche da zu sein und für den ganz persönlichen Austausch eine andere Zeit zu wählen. Vielleicht ist das auch ein Tip für euch.

Kuscheln und Schmusen

Habe ich schon etwas zum Kuscheln und Schmusen gesagt?

Liebe darf nicht nur verbal weitergegeben werden, sondern muß ebenso körperlich ankommen. Nur wenigen Eltern fällt es schwer, ihr kleines Kind zu knuddeln. Bei älteren Kindern taucht die Problematik schon häufiger auf. Sie selbst haben es zu Hause nicht erfahren, und plötzlich können sie es bei ihren eigenen Kindern auch nicht weitergeben.

Aber deins ist ja noch klein, und es könnten eher die Hektik des Alltags oder der kleine Ärger, die eigenen Probleme und vielleicht lediglich Gedankenlosigkeit die Ursachen für zuwenig körperliche Zuwendung sein.

Geh sicher, daß deine Liebe ankommt und sich dein Kind rundum seelisch und körperlich geborgen fühlt. Nimm dir Zeit zum Schmusen und Scherzen. Manche Kinder holen sich das ohnehin, andere jedoch nicht. Und denen mußt du deine körperliche Nähe extra geben.

Kuscheln und Schmusen ...

Oftmals kann sogar Bockigkeit und Unwilligkeit auf diese Weise liebevoll aufgefangen werden. Dein Kind schmollt vor sich hin. Du reagierst nicht hart und zurechtweisend, sondern ziehst es an dich und sagst: „Na, Schätzchen, du brauchst wohl eine Extraportion Liebe. Komm, wir schmusen miteinander, dann wird es gleich viel besser gehen."

Noch ein Baby?

Bei uns spielte sich fünfmal das gleiche ab: Spätestens wenn unser kleiner, süßer „Engel" in das dritte Lebensjahr kam, brach in uns beiden die Sehnsucht nach einem neuen Baby auf. Und die Kinder unterstützten das auch noch. „Mama, Papa, nur noch ein Baby, das ist doch soo süß!" bettelten sie. Plötzlich waren all die Entbehrungen und durchwachten Nächte vergessen ...

Nun muß die Größe einer Familie und der zeitliche Abstand der Kinder sorgfältig bedacht und auch durchbetet werden. Die Umstände, wie auch die persönliche Belastbarkeit, sind von Familie zu Familie unterschiedlich.

Verständlicherweise finde ich eine große Familie wunderbar, und ich meine auch, daß vieles in einem größeren Familienverband einfacher sein kann als in der typischen Kleinfamilie. Eine Frau, die für einen großen Haushalt zu sorgen hat, kann darin eher Erfüllung finden als eine Mutter, die sich mit ein oder zwei Kindern nicht ausgefüllt weiß. Wenige Kinder stehen eher in der Gefahr, überbehütet und zu sehr gegängelt zu werden. In einer großen Familie dagegen kann es mehr Abwechslung und Spielmöglichkeiten geben. Die Erlebnisspanne ist einfach größer.

Wir fanden es angenehm, zwischen den einzelnen Kindern zwei bis drei Jahre Pause zu machen. So konnten wir jedes einzelne besser genießen, und auch mein Körperhaushalt hatte länger Zeit, sich zu regenerieren. Dafür werden wir länger kleine Kinder um uns herum haben als ein Ehepaar, das sich entscheidet, seine Kinder Schlag auf Schlag „kommen zu lassen". Demnach muß jeder für sich herausfinden, was für ihn günstiger ist.

Babyneid

Ein neues Geschwisterkind kann unter den anderen Kindern Probleme aufwerfen. Wenn Eltern sich nicht in die Situation des älteren Kindes hineinversetzen können und sich nicht bemühen, typische Fehler zu vermeiden, können sie einen regelrechten Babyneid herbeibeschwören. Und das solltest du zu verhindern wissen.

Es ist doch klar: Dreht sich alles um das neue Baby, fühlt sich ein Kind, das vorher alle Beachtung und Liebe hatte, zurückgesetzt und wird den neuen Erdenbürger nicht gerade herzlich empfangen wollen. Schon während der Schwangerschaft heißt es: „Psst, Mutti muß sich ausruhen. Wir kriegen ein neues Baby!“ „Spring nicht so auf meinem Schoß herum. Das tut meinem Baby weh!“

Kaum ist dieses unbekannte Wesen geboren, stürzt sich die ganze Verwandtschaft darauf und überhäuft es mit Entzückungsrufen und Geschenken. Der große Bruder steht abseits in der Ecke, die kleinen Fäuste in den Hosentaschen geballt, und grübelt: „Wer macht mir hier meinen Platz streitig?"

Nun gut, ich habe eben ein wenig übertrieben. Wenn sich Eltern aber kaum Gedanken machen, kann es so ablaufen. Also, wenn es bei euch so weit sein sollte, verhaltet euch klüger. Zeig deinem Kind ganz bewußt deine Wertschätzung und Liebe, und nimm es mit in die Vorbereitungen hinein: beim Einkaufen, beim Wäschesortieren – in all die Vorfreude. Bist du zur Entbindung im Krankenhaus, sollte sich der Vater mehr um das zurückgelassene Kind kümmern, damit nicht etwa Angst und Einsamkeit aufkommen.

Wieder zu Hause, bist du schwach und mußt dich selbstverständlich intensiv um den Säugling kümmern. Aber vergiß nicht: Das andere Kind hat auch auf dich gewartet. Es braucht genauso deine Zuwendung und Liebe. Nur gut, wenn sich in dieser Phase der Vater verstärkt einsetzen kann.

Die Verwandtschaft wird sich hoffentlich sensibel genug verhalten. Gehe ich auf einen Babybesuch, stecke ich ein kleines Geschenk für das Geschwisterkind ein und wende mich ihm besonders zu. Dem Baby in der Wiege ist es egal, wieviel Zuwendung es von mir bekommt. Aber nicht dem älteren Kind.

Schmuse viel mit dem älteren Kind. Laß es beim Wikkeln und Baden des Babys mithelfen, und gib ihm allen Grund, sich nicht vernachlässigt zu fühlen. Trotzdem werden einige Kinder in Säuglingsgebaren zurückfallen und weinerlich oder aggressiv reagieren. Dann bring die Gefühle des Kindes zutage und hilf ihm, sie auszusprechen: „Was ist denn los mit dir? Du brauchst wohl etwas mehr Aufmerksamkeit." Durch das Aussprechen der Gefühle kann das Kind sich besser verstehen und sich wieder einfügen lernen.

Also, gib dem Kind die gebührende Aufmerksamkeit und Liebe, laß es spüren, daß es wirklich das ältere ist. Aber dann: Erlaube kein ungebührliches Verhalten. Sei konsequent, ohne Ärger und Unmut zu zeigen.

Nicht nur Pflichten

Wachsen die beiden heran, achte darauf, daß das ältere Geschwisterkind nicht nur Pflichten, sondern auch gewisse Rechte hat. Häufig muß es mehr mithelfen, Rücksicht nehmen, verzichten, der Vernünftigere sein. Besonders kritisch wird es, wenn es gezwungen wird, ständig mit dem Kleinen zu spielen oder auf ihn aufzupassen und für jüngere Geschwister aufzuräumen. In diesen Bereichen darfst du ein älteres Kind nicht überfordern. Sonst kann es den Eindruck gewinnen: „Mann, das Ältersein hat wohl nur Nachteile. Alles wegen der kleinen Gören."

Ich persönlich halte es für wichtig, daß ein älteres Kind neben seinen altersgemäßen Pflichten auch altersgemäße Vorteile hat. Zum Beispiel, was das Schlafengehen betrifft: Für Eltern ist es wesentlich einfacher, wenn ein Vierjähriger mit dem Zweijährigen zusammen ins Bett gesteckt wird. Was für eine Aufwertung jedoch, wenn er sich noch eine Viertelstunde mit einem Bilderbuch beim Papa im Sessel einkuscheln darf, während der Kleine schon schlafen muß. So läßt sich die Last des Älterseins schon eher tragen.

Oder Papa unternimmt etwas, was wirklich nur mit dem Älteren möglich ist. Der Kleine wird zwar mächtig protestieren, aber er muß schlucken, daß er jünger ist und jedes Alter seine Vor- und Nachteile hat. Der Große wird aufgrund des Ausgleichs weniger mit Eifersucht zu kämpfen haben und Mama williger zur Hand gehen.

Eine bewährte Erziehungsstrategie

Im wesentlichen gelten für das dritte Lebensjahr die gleichen Verhaltensweisen wie in dem Jahr zuvor: Humor und starke Nerven, Geduld und Beständigkeit, viel Freiheit und klare Regeln. Wenn das Kind jedoch zu einem Machtspiel herausfordert, dann bleibe souverän der Gewinner.

Im folgenden möchte ich dir noch einmal zusammenfassend eine Erziehungsstrategie mitgeben, die wir schon in unserem Buch *Menschenskinder – Kindererziehung aus biblischer Sicht* (Verlag Schulte & Gerth) erläutert haben. Sie hat sich bei uns gut bewährt und kann dir jetzt und in den nächsten Jahren helfen, mit deinen Kindern ohne Ereiferungen und Drohungen klarzukommen.

Augenleitung

Laß mich eine Szene beschreiben, die häufig vorkommt: Dein Dreijähriger ist in der Sandkiste ständig dabei, den anderen die Spielsachen fortzunehmen und ihre Sandburgen zu zerstören. Zumindest zeigt er ein Verhalten, das in deinen Augen nicht richtig ist.

Deine erste Maßnahme ist die der „Augenleitung“: Du schaust zu deinem Sprößling hinüber, räusperst dich, kraust die Stirn oder hebst den Finger.

Es ist allein eine Sache zwischen euch beiden, niemand anderes merkt etwas davon. Dies soll ihm zeigen, daß du sein verkehrtes Handeln bemerkt hast und ihn zur Besserung aufforderst. Diese „Augenleitung“ ist eine der angenehmsten Erziehungsformen für Eltern und Kinder. Wenn dein Kind weiß, daß du konsequent zu deiner Aufforderung stehst, wird es in vielen Situationen auf diesen Blickkontakt hin sein falsches Verhalten einstellen. Es ist nur gut, wenn Kinder gelernt haben, auf diesen stillen Wink einzugehen, und es ist schade, wenn sie so abgehärtet sind, daß sie nur auf „Kanonenschüsse" ihrer Eltern hin einlenken. „Augenleitung" funktioniert dann gut, wenn eine tiefe emotionale Beziehung zwischen Eltern und Kind besteht.

Zurechtweisung und konstruktiver Ausweg

Ich möchte dieses Beispiel bis zum bitteren Ende verfolgen. Dein Kind versteht zwar den Wink, aber es ändert sein Verhalten nicht. Der nächste Schritt ist, es zurechtzuweisen und eine konstruktive Möglichkeit anzubieten. Zurechtweisen tun Eltern oft, aber vielfach versäumen sie, dem Kind einen Ausweg aus seiner verrannten Situation zu zeigen.

In diesem Fall könntest du sagen: „Schau, du hast doch selbst so viele Spielsachen. Willst du dir nicht eine Sandburg bauen?" Oder: „Sag mal, bist du heute morgen schon einmal auf der Schaukel gewesen?" Schwupps, schon sind Sandburgen und Schaufeln vergessen, glücklich schwingt es sich der Sonne entgegen. Mit solch einem Vorschlag gibst du dem Kind eine Möglichkeit, von dem Streit abzulassen und selbst etwas Konstruktives zu tun.

Zurechtweisen und Nennen der Konsequenz

Wenn dieser Schritt nicht ausreicht, folgt die nächste Maßnahme. Du solltest dem Kind wieder sein falsches Verhalten erklären und diesmal die Konsequenz nennen, die folgen wird, wenn es sich nicht ändert.

Nun mußt du aber aufpassen, daß du eine angemessene Folgerung nennst, eine, die du auch wirklich durchführen kannst. Hier wird manchmal im Eifer des Gefechtes einiges falsch gemacht. Zum Beispiel, daß du eine viel zu weit in der Zukunft liegende Maßnahme nennst, die das Kind kaum beeindruckt, oder daß du in deinem

Ärger eine Drohung ausstößt, zu der du ja doch nicht stehen kannst.

Also, was angemessene, logische Konsequenzen betrifft – so habe ich es bei mir gemerkt –, liegt für uns Eltern ein echtes Lernfeld vor. Als wir unsere ersten sechs Kinder hatten und recht turbulente Tage durchlebten, da saß ich häufig abends, wenn die Ruhe einkehrte, mit Eberhard zusammen und sprach den Tag mit seinen Erfolgen und Fehlern durch. „Du, das und das ist vorgefallen, und ich habe so und so reagiert. Hmm, war das richtig? Wie sollte man auf ein Kind eingehen, wenn es das und das anstellt?"

So haben Eberhard und ich unsere Erziehungsstrategie aufgebaut und gelernt, angemessen auf die einzelnen Kinder einzugehen, insbesondere, was das Ankündigen von Konsequenzen betrifft. Wer nicht aus Ruhe und Überlegenheit agiert, reagiert zu häufig unüberlegt und zu hart aus dem Affekt heraus.

In unserem Sandkastenbeispiel wäre wohl die richtige, logische Konsequenz: „Du, Schätzchen, wenn du nicht aufhörst, dann werde ich dich nehmen, und du mußt dort drüben in der anderen Sandkiste für dich allein spielen."

In den meisten Fällen wird spätestens jetzt das Kind einlenken. Besonders dann, wenn eine aufrichtige Liebesbeziehung zwischen beiden besteht und das Kind weiß: „Auf Mama ist Verlaß! Wenn sie etwas ankündigt, dann hält sie es. Es ist besser, ich lenke ein."

Durchführen der Konsequenz

Hat das Kind jedoch schon zu oft erfahren, daß seine Mutter wüste Drohungen ausstößt, ohne sich daran zu halten, dann mag es denken: „Ach, Mama, die meint es ja nicht so. Mal sehn, auf was für einen Einfall sie jetzt kommt." Weil es schon zu oft Sieger war, wird es das Machtspiel bis zum Ende treiben.

Auf dieses so häufig zu beobachtende und nervenaufreibende „Spiel" solltest du von vornherein nicht eingehen. Überleg dir gut, was du von deinem Kind erwartest, und wenn es angemessen ist, dann steh dazu wie eine deutsche Eiche – unanfechtbar und ohne zu wanken.

Wenn es das noch nicht kapiert hat oder wieder einmal in Frage stellen will, dann klemm dir den kleinen Sproß unter den Arm, klaube seine Spielsachen zusammen und bring ihn hinüber in die andere Sandkiste. Dies wird seine Achtung vor deiner Standhaftigkeit vertiefen und ihn in Zukunft vorsichtiger handeln lassen.

Aber für manche Eltern ist damit die Konfrontation noch nicht ausgestanden: der Kleine wehrt sich mit Händen und Füßen, schreit, so daß es scheint, als ob der ganze Spielplatz zusammenläuft. Was tun? Jetzt sind viele Eltern und Ratgeber hilflos.

Mein Ratschlag: Wenn die Maßnahmen bis jetzt nicht gewirkt haben, nimm den Schreihals, flüstere ihm die Botschaft ins Ohr, und wenn er darauf nicht hört, verschwinde mit ihm hinter das nächste Klo-Häuschen und gib ihm das auf den Po, was jetzt angemessen ist. Diese Haltung nennt die Bibel „Rebellion"; Eltern, die ihre Kinder lieben, bekommen den Rat, sie in solch einem Fall körperlich zu züchtigen (Sprüche 13, 24).

Hat das Kind diese Erziehungsfolge mehrere Male in aller Sachlichkeit, aber auch Konsequenz, miterlebt, wird es glauben, daß du zu dem stehst, was du sagst, und das Zusammenleben wird friedlicher werden.

Diese vier Schritte haben sich in unserem Familienalltag seit vielen Jahren als hilfreich erwiesen. Hat sich die Abfolge erst einmal eingespielt, wird es häufig bei der „Augenleitung" bleiben und der Konflikt selten über den dritten Punkt hinausgehen.

Noch einmal die Zusammenfassung:

1. Augenleitung
2. Zurechtweisung und konstruktiver Ausweg
3. Zurechtweisung und Nennen der Konsequenz
4. Durchführen der Konsequenz

Ausblick auf die Vorschuljahre

Das waren meine Gedanken zu den ersten drei Lebensjahren. Glaub mir, Kleinkindererziehung kann ein Riesenspaß sein. Mit jedem Lebensmonat gibt es Neues zu entdecken und gemeinsam zu erleben. Hast du dich selbst humorvoll im Griff, lebst du aus dem Frieden mit Christus im Herzen und mit einer klugen Erziehungsstrategie im Kopf, dann wird es auch dir gelingen, besonnen und souverän die Geschicke in deiner Familie zu lenken.

Hier noch ein kurzer Ausblick auf das, was dich in den Vorschuljahren erwartet. Den allgemeinen Abriß für eine biblisch begründete Kindererziehung und ein christliches Familienleben findest du in unserem schon erwähnten Buch „Mencheskinder – Kindererziehung aus biblischer Sicht“.

Gossensprache und Kindersprüche

In den nächsten Jahren bis zum Schulbeginn wird dein Kind zunehmend selbständiger werden. Es wird mehr Zeit außer Haus mit Spielkameraden verbringen. Die einen sind nett, die anderen ruppig und frech.

Ganz bestimmt kommt der Tag, an dem dein Kind

testen wird, wie die Gossensprache bei dir ankommt. Meistens wird es die häßliche Bedeutung der Schmutz- und Schimpfwörter gar nicht kennen. Reagiere gelassen, aber bestimmt: „Du, diese Wörter sind ganz häßlich, und manche nennen sie, um andere zu ärgern. Wir wollen sie nicht in den Mund nehmen!"

Hilft das nicht, dann geh in die Knie, schau deinem kleinen Wortspezialisten direkt in die Augen, und sage: „Hör mal, hast du solche Ausdrücke schon einmal bei Papa oder mir gehört? Nein? Dann gebrauche sie bitte auch nicht. Sonst muß ich dir einen Klaps auf dein freches Mündchen geben!"

Achtung und einen höflichen Umgangston zu erhalten, ist gar nicht so schwer. Gib deinen Kindern immer Anlaß, dich zu verehren, sei stets ein gutes Vorbild, aber erwarte auch, daß deine Kinder sich ebenso verhalten. Meiner Beobachtung nach gibt es in der Altersspanne zwischen vier und sechs Jahren meistens eine kritische Zeit, was den Umgangston betrifft. Mit wachsendem Wortschatz bringt das Kind ungute Ausdrücke von draußen nach Hause, und Eltern lassen es sich gefallen. Das später wieder geradezubiegen, wird schwerer sein, als sofort entschieden einen Riegel vorzuschieben.

Andererseits erfinden die Kinder mit ihrem kleinen Weltbild die großartigsten Wortkreationen. Einer unserer Jungen wurde kurz vor Weihnachten geboren und heißt auch noch Chris. Zu Weihnachten sangen unsere Kinder dann mit Inbrunst: „Chris ist geboren ..." Daß jemand anders gemeint sein könnte, kam ihnen zunächst nicht in den Sinn.

Wir hatten eine Nachbarin mit Namen Heidi, die die Kinder heiß liebten. Als wir im Gottesdienst miteinander das Anbetungslied „Heilig, heilig ist der Herr Zebaoth ..." sangen, stutzte ich. Neben mir klang es klar und hingebungsvoll: „Heidi, Heidi ist der Herr ..."

Ines drückt sich die Stirn am Küchenfenster platt und

staunt: „Mama, draußen ist ja alles weißer Staub." „Nein, Schätzchen", sage ich, „das ist Rauhreif." „Oh, Mama, alles voller Staubreif."

Hört man Kindern zu, kann man sich fragen, ob unsere deutsche Sprache wirklich logisch ist. „Mama, auf der Straße ist ein Umfall passiert", ruft aufgeregt meine kleine Mirke und wetzt vom Hof. Natürlich korrigiere ich sie, aber ich muß mir eingestehen, daß „Umfall" logischer erscheint als „Unfall", denn meistens fällt bei einem Zusammenstoß jemand um.

Oder wie gefallen dir die kindlichen Sprachkreationen „Sparmüll" und „Eßtaurant"? Was soll man dagegen sagen? Immerhin kann man beim Wühlen im Sperrmüll einiges sparen, und in einem Restaurant wird schließlich gegessen!

Neulich habe ich ein halbes Glas Wein wieder herausgeprustet. Mit funkelnden Augen hält Tirza ihr Saftglas hoch und ruft in die Runde: „Trost, alle!"

Es ist köstlich, was aus einem Kindermund herauskommt. Vergiß nicht, ein „Buch der Erinnerungen" zu führen. Es wäre zu schade, wenn du solche Szenen mit den Jahren vergessen würdest.

Kindliche Aufgaben

Im Vorschulalter darf es beim Mithelfen, Aufräumen und Ordnunghalten nicht mehr allein nach Lust und Laune gehen. Jetzt mußt du darauf achten, daß beständiges Verhalten eingeübt wird. Eine gestellte Aufgabe muß – sofern sie keine Überforderung darstellt – durchgeführt werden, auch wenn das Kind gerade mal keine Lust hat. Ein Mensch, der als Teenager und als Erwachsener nur arbeitet, wenn er Lust dazu hat, ist lebensunfähig. Dazu wird im Vorschulalter schon eine Grundlage gelegt.

Das folgende Schaubild kann dir Orientierung geben.

Name: ESTHER (4 J.)	Montag	Dienstag	Mittwoch	Donnerstag	Freitag	Samstag	Sonntag
 Ich habe mich gewaschen und Zähne geputzt							
 Ich habe meine Spielecke aufgeräumt							
 Ich habe meine Sachen in die Wäschekiste getan							
 Ich habe mein Essen ohne Ermahnung aufgegessen							
 Ich habe fast gar nicht genuckelt							

Wir haben es eingeführt, als unsere Esther gute vier Jahre alt war. Hier siehst du einige Erwartungen, die du an ein Vorschulkind stellen kannst:

- selbst ans Waschen und Zähneputzen zu denken,
- die Spielecke mit Hilfe der Eltern aufzuräumen,
- Kleidungsstücke an einen dafür vorgesehenen Platz zu legen,
- ohne Theater zu essen
- und das Nuckeln einzustellen.

Abends vor dem Schlafengehen flitzte Esther meistens zu dem Zettel. „Mama, ich habe mich wirklich gewaschen und mir die Zähne geputzt. Du, riech mal ...“ „Hmm, das duftet ja!“ Feld für Feld wurde mit einem dicken Stift ausgemalt, und wenn alles ausgefüllt war, lag am nächsten Morgen eine kleine Belohnung am Frühstückstisch als Erinnerung, den neuen Tag genauso großartig zu gestalten wie den zuvor.

So ein Schaubild erspart Eltern viel Schimpfen, Ermahnen und Hinterherlaufen. Das Kind hat täglich vor Augen, was von ihm erwartet wird, und die Belohnung ist ein Ansporn, die Aufgaben zu erfüllen. Hältst du dies einige Jahre durch, kannst du ziemlich sicher sein, daß sich Verhalten und Gewohnheiten gut einspielen werden.

Fernsehen

Nach einem für das Bonner Bildungsministerium erstellten Gutachten starren schon 60 Prozent der Dreijährigen in die Röhre. Vierjährige, die nicht fernsehen, sind die große Ausnahme. Etwa 80 Prozent der Drei- bis Dreizehnjährigen bringen es täglich schon auf eineinhalb Stunden Fernsehkonsum.

Eine so lange Fernsehzeit bei Vorschulkindern hätte ich nicht erwartet. Ich vermute, daß viele Kleine einfach mitschauen, wenn Eltern oder größere Geschwister fernsehen. Das ist letztlich noch schlimmer, als wenn sie altersgemäße Programme schauen würden.

Medienpädagogen sind sich einig: Das Fernsehen ist ein Phantasiezerstörer und ein Spielkiller, ein Kommunikationsmörder und ein Angstmacher. Vor allem reißt es ein Kind viel zu früh in das Erwachsenenleben mit all den unguten Konsumansprüchen, erotischen Sehnsüchten, dem Drogenmißbrauch und der Gewalt. Ihm wird die Kindheit geraubt!

Das wollten wir uns und unseren Kindern ersparen. So haben wir – als junges Ehepaar und später mit unserer Familie – immer fernsehfrei gelebt, und das hat uns wirklich gut getan. Wer es wagt, wird merken, wie plötzlich viel mehr Zeit für kreative Familienaktivitäten vorhan-

den ist, wie Kinder intensiver spielen und nachts besser durchschlafen.

Als Ausgleich besitzen wir ein Videogerät mit einem ausrangierten Fernsehapparat als Monitor und haben unser eigenes Heimkino mit Filmen, die wir über die Jahre gesammelt haben und von denen wir wissen, daß wir sie altersgemäß einsetzen können.

Verkehrserziehung

Jährlich verunglücken in der Bundesrepublik etwa 70 000 Kinder im Straßenverkehr. Alle drei Stunden kommt ein Kind durch Unfall zu Tode.

Bei solchen Angaben bekommt man eine leichte Gänsehaut. Es ist gefährlich auf unseren Straßen, und ein Vorschulkind muß unbedingt einige Grundregeln lernen: „Autos sind sehr schwer und fahren sehr schnell. Wenn du von einem Auto angefahren wirst, tut das sehr weh. Du mußt deshalb lernen, wie man richtig über die Straße geht."

Verbote wie „Auf keinen Fall allein über die Straße flitzen!" müssen strikt eingehalten werden. Die meisten Unfälle mit Kindern geschehen, wenn sie ganz plötzlich auf die Straße rennen, oft zwischen parkende Autos hindurch, weil auf der anderen Seite ein Freund ankommt oder ein Ball wegrollt. Übe mit deinem Kind an Ort und Stelle, wie es sich zu verhalten hat, wenn Papa drüben nach Hause kommt oder jemand von der anderen Straßenseite ruft.

Schärfe dem Kind ein, daß es die Straße nur überqueren darf, wenn kein Auto kommt. Kinder dieses Alters können Entfernung und Geschwindigkeit herannahender Fahrzeuge noch zu schlecht einschätzen, deshalb müssen sie warten, bis kein Auto zu sehen ist.

Geübt werden muß ebenso das richtige Überqueren

der Fahrbahn: Blick nach links und rechts, gehen bis zur Mitte, Blick nach rechts … Auch die Bedeutung der Ampel muß erklärt werden.

Übe all diese Dinge, lange bevor du überhaupt daran denkst, dein Kind allein losgehen zu lassen. Und sei ein gutes Vorbild. Dein Kind beobachtet dich ständig und übernimmt deine Verhaltensweise.

Ja, und dann kommst du dir ganz schön blöd vor, wenn ihr beide einsam Hand in Hand an der roten Ampel steht und alle anderen Fußgänger an euch vorüberhasten und euch anrempeln, weil ihr ihnen im Wege steht. Kein Wunder, daß wir so viele Verkehrstote haben!

Geschlechtserziehung

Mit drei bis fünf Jahren beginnt ein Kind, sich bewußt mit seinem Geschlecht als Junge oder als Mädchen auseinanderzusetzen und nach den verschiedenen Körperfunktionen und Bezeichnungen zu fragen. Vor allem interessiert es sich, wo die Babys herkommen.

Wer nie ausweicht und mit seinen Kindern offen spricht, wird erstaunt sein, wie unbefangen Kinder darüber reden. Wenn du deine ersten Hemmungen überwunden hast und weißt, wie du auf das Kind eingehen mußt, wird es dir viel Freude machen.

Aber auch ich mußte mich darauf vorbereiten. Dir kann tatsächlich zunächst einmal die Luft wegbleiben – du fängst sogar an zu stottern! –, wenn dein Kind ohne Vorbereitung und dann auch noch in einer vollgefüllten Straßenbahn losplärrt: „Mama, wo kommen die Babys her?“, nur weil es eine schwangere Frau erspäht hat.

Es gibt gute christliche Literatur dazu, die du unbedingt rechtzeitig studieren solltest. Zwei Bücher möchte ich empfehlen: *Tim LaHaye, Aufklären – aber wie? Ein Ratgeber für Eltern* (Verlag Schulte & Gerth) und: *Diet-*

mar Rost, Unserm Kind zuliebe, Geschlechtserziehung von Anfang an (Verlag Weißes Kreuz).

Gelingt es dir, natürlich und unbefangen, wahrhaftig und kindgemäß auf die vielen Kinderfragen einzugehen, hast du schon viel erreicht. Dein Kind muß erfahren, daß Sexualität nichts Geheimnisvolles oder Peinliches ist, sondern ein Thema wie alle anderen, über die es sich gern mit seinen Eltern unterhält. Dieses Vertrauensverhältnis sollte über alle Jahre des Zusammenlebens erhalten bleiben.

Nun, manche Kinder sind Plappermäuler und fragen dir Löcher in den Bauch, andere sind verschwiegener und bedrängen dich nicht. Ganz gleich, ob ein Kind fragt oder nicht, setz dir zum Ziel, die grundlegenden Fragen über den Unterschied von Jungen und Mädchen, nach der Herkunft, der Geburt und der Zeugung eines Babys in altersgemäßer Form bis zum Schuleintritt durchgesprochen zu haben. Es wäre zu schade, wenn dir „die Straße" zuvorkäme. Ist das Informationsbedürfnis des Vorschülers auf gute, natürliche Weise von seinen Eltern gestillt worden, wird die Anfälligkeit für Zoten um so geringer sein.

Zur frühkindlichen Geschlechtserziehung gehört auch die Warnung vor Triebtätern. Das bleibt uns leider nicht erspart. Dein Kind muß wissen,

– daß es einem Fremden keinesfalls folgen darf,
– daß es niemals in das Auto eines Unbekannten einsteigen darf,
– daß es niemals in fremde Wohnungen mitgehen soll, auch wenn es um einen Gefallen gebeten wird.

Schärfe deinem Kind ein: „Bevor du mit irgend jemandem mitgehst, fragst du immer erst mich; auch, wenn du die Person kennst." Sag ihm auch, daß der „böse Onkel" in der Regel nicht böse aussieht, sondern eher sehr freundlich wirkt und sich in nichts von anderen Menschen unterscheidet.

Kindergarten

Der Besuch eines Kindergartens ist hilfreich für die Entwicklung des Vorschulkindes. Hier werden Anregungen und Bastelanleitungen gegeben, die manch einer Mutter zu Hause gar nicht einfallen würden. Und besonders in Familien mit wenigen Kindern oder nur einem Kind ist es wichtig, daß der Sprößling lernt, mit anderen Kindern auszukommen und zu spielen. Hinzu kommt, daß manch ein Kind sich erst einmal daran gewöhnen muß, in einem Kreis stillzusitzen und auf eine Gruppenleiterin zu hören. Will man das dem Kind erst beibringen, wenn es in die Grundschule kommt, kann es eventuell ein ganzes Schuljahr dazu benötigen.

Die Frage ist nur: Wann ist das richtige Alter für den Beginn eines Kindergartenbesuchs?

Schaue ich mich in der Nachbarschaft um, so scheint es zur Norm geworden zu sein, ein Kind mit drei Jahren in einen Halbtags-, wenn nicht sogar Ganztags-Kindergarten zu schicken. Immer mehr Mütter lassen ihren Säugling oder ihr Kleinkind in einer Tageskrippe oder – wenn sie mehr Geld haben – von einer Tagesmutter betreuen. Und diesen Trend finde ich mehr als bedrohlich!

Noch vor einer Generation hätte man Frauen als „Rabenmütter" bezeichnet, wenn sie so mit ihren Kleinen umgesprungen wären. Heute schaut man Mütter scheel an, wenn sie nicht berufstätig sind, sondern die Erziehung der Kinder und ein harmonisches Familienleben als wichtigste Aufgabe sehen. Was hat junge Eltern nur veranlaßt, so zu denken und zu handeln?

„Einer der großen alten Männer der Entwicklungspsychologie, Erik Erikson, hat vor den Gefahren gewarnt, die man heraufbeschwört, wenn man Kleinkindern keine ausreichende Chance gibt, Gefühlsbindungen aufzubauen. Beständige, verläßliche, liebevolle Pflege und Zuwendung spielen, so hat er immer wieder betont, eine entscheidende Rolle bei der Entwicklung einer gesunden Ich-Identität. Wer in seiner frühen Kindheit nicht eine vertrauens- und liebevolle Beziehung zu einem oder mehreren Erwachsenen kennengelernt hat, wird womöglich immer ein im Grunde mißtrauischer Mensch bleiben" (*V. Packard, Verlust der Geborgenheit,* Scherz 1984, S. 135).

Laß dich also von dem allgemeinen gesellschaftlichen Trend nicht verunsichern, sondern widme dich deinem Kind von ganzem Herzen.

Vance Packard, einer der bedeutendsten Soziologen unserer Zeit, betont – wie bereits erwähnt – für das Vorschulalter: „Was Kinder im Vorschulalter betrifft, also zwischen drei und fünf Jahren, so gibt es eine Hypothese, die für eine Mutter, die während dieser Zeit wieder arbeiten gehen möchte, von Interesse sein dürfte. Manche Kinderexperten halten dies nämlich für eine Phase, in der das Kind auf Veränderungen des Status quo besonders empfindlich reagiert und es am liebsten sieht, wenn ‚alles ganz gleich bleibt' – bis hin zur Wohnungseinrichtung" (*V. Packard,* S. 138).

Erzieherinnen haben mir immer wieder bestätigt, daß sie es in den Gruppen mit den Drei- und Vierjährigen am schwersten haben. Sie wollen sich nicht von der Mutter lösen, weinen den halben Vormittag und jammern, um nach Hause zu kommen. Für eine emanzipierte Erzieherin ist das natürlich ganz klar ein Zeichen von zu großer Mutterbindung und Überfürsorge, um so strenger wird sie darauf achten, daß die Trennung durchgezogen wird. Wir aber wissen, daß das Kind in diesem Alter einfach überfordert ist.

Nach jahrelangem Beobachten und Nachdenken bin

ich zu dem persönlichen Entschluß gekommen, meine Kleinen lediglich für ein Jahr – nämlich vor Schulbeginn, wenn sie fünf Jahre alt sind – in den Kindergarten zu schicken. Aber fände ich keinen christlichen, der nach meiner Vorstellung auf die Kinder eingeht, ich würde mir auch das noch überlegen – obwohl ich grundsätzlich den Besuch eines Kindergartens für wichtig erachte.

In den Jahren zuvor solltet ihr einen Spielkreis oder eine Turngruppe besuchen und im Freundeskreis auf viele gemeinsame Spielmöglichkeiten mit zwei bis drei gleichaltrigen Kindern achten. Das ist genau der richtige Weg zu einer schrittweisen Gewöhnung von der Mutter weg zu einer größeren Gemeinschaft.

Eltern tragen die Hauptverantwortung

Vergiß bitte nicht: Ihr beide, als Mutter und Vater, tragt die Hauptverantwortung für die Erziehung und die Bildung eurer Kinder! Kinder sind eine Gabe Gottes an uns Eltern. Sie sind weder das Eigentum der Gesellschaft noch der Eltern. Sie sind Eigentum ihres Schöpfers und uns Eltern für die Jahre Ihrer Unmündigkeit anvertraut, damit wir sie erziehen und anleiten, ein eigenverantwortliches Leben im Vertrauen zu Gott zu führen.

Folge nicht dem bequemen Trend unserer Zeit, und gib dein Kind so wenig wie möglich in fremde Erziehungshände! Besonders dann nicht, wenn du siehst, daß es gegen deine persönlichen Werte und Lebensideale beeinflußt wird.

Biblische Unterweisung – in welchem Alter beginnen?

Was biblische Unterweisung und das kindliche Verständnis von Gott betrifft, habe ich in den letzten Jahren tüchtig dazugelernt, insbesondere von anderen Müttern, die sich mit diesem Themenbereich intensiv befaßt haben. In diesem Kapitel möchte ich kurz darauf eingehen. Dabei beziehe ich mich im wesentlichen auf einen Vortrag, den Karin Schröter auf einer Familienfreizeit von „Neues Leben – Neue Familien" gehalten hat.

Für viele klingt es fremd, Babys bzw. Kleinkinder aus der Bibel zu unterweisen. Vielleicht hast auch du bisher gedacht: „Kleine Kinder können doch noch nicht viel verstehen. Warum soll ich ihnen biblische Wahrheiten vermitteln? Ja, später ..., aber jetzt noch nicht!"

Das ist ein Irrtum! Eltern unterschätzen ihre Kleinen in der Regel, weil sie sich verbal noch nicht so ausdrükken können. Aber Babys nehmen viel auf, sie lernen von Anfang an! In den ersten zwei Lebensjahren lernen sie so viel wie später in einem vergleichbaren Zeitraum nicht wieder. Das Kleinkind ist wesensmäßig ein „Lernkind".

Die körperliche Entwicklung ist sichtbar, die geistige bzw. geistliche Entwicklung dagegen nicht so augenfällig, aber genauso intensiv. Höchstwahrscheinlich bist du

wachsam darauf bedacht, dein Baby mit eiweiß- und vitaminreicher Kost zu versorgen, damit es prächtig gedeiht. Das ist gut. Aber genauso wichtig ist es, deinem Kind „gute Nahrung" für sein geistliches Wachstum zu geben.

Der Mensch besteht aus Geist, Seele und Leib. So hat ihn Gott geschaffen. Alle drei Bereiche müssen berücksichtigt werden. Keiner darf unversorgt oder unterversorgt bleiben. Die Verantwortung, das Baby in seiner geistlichen Entwicklung zu fördern, ist nicht geringer als die, seine körperliche Entwicklung zu unterstützen.

Schon während der Schwangerschaft, erst recht von der Geburt an, ist das Baby für Eindrücke, Erlebnisse und Erfahrungen aus seiner Umwelt aufnahmefähig. Genauso offen ist es für geistliche Wahrheiten. Kleinkinder sind wie eine Kornkammer. Du hast die Verantwortung, ja das Vorrecht, sie mit „biblischen Schätzen" zu füllen. Und diese fallen tief in ihr Herz, denn sie werden noch nicht mit dem Verstand verarbeitet.

Du magst dich fragen: „Wie kann ich das bei einem Baby oder einem Krabbelkind bewerkstelligen?"

Eigentlich ist es ganz einfach und unkompliziert. Es geht darum, den kindlichen Alltag bewußt mit Gott in Zusammenhang zu bringen. Du bist doch mit deinem Kleinkind ohnehin den ganzen Tag zusammen. Da gibt es viele Möglichkeiten, es Gott nahezubringen. Zum Beispiel, indem du mit dem und für das Baby betest: „Danke, Jesus, für meinen kleinen Simon. Ich freue mich, daß du da bist." Oder du singst beim Spielen oder Stillen: „Gott liebt Miriam, er liebt sie, Gott liebt Miriam, er liebt sie, Gott hat Miriam so gemacht und sie sich so ausgedacht."

Wenn ihr spazierengeht, dann erklärst du nicht nur: „Guck, das ist ein Baum", sondern du sagst auch einmal: „Das ist ein Baum, und den hat Gott gemacht."

Was ich eben beschrieben habe, ist letztlich nichts Neues. Christliche Eltern haben schon immer für ihre und mit ihren Kindern gebetet, ihnen von Gott erzählt und vorgesungen. Die Frage ist nur, ab welchem Alter und mit welcher Hingabe.

Das landläufige Denken ist doch nach wie vor: Babys kapieren noch nichts, und von Jesus kann man ihnen erst recht nichts erzählen. Dieses Denken müssen Eltern ablegen. Wenn ein Kleinkind innerhalb von 24 Monaten durch Beobachtung und Nachahmung lernt, wie man richtig spricht und seine Körperfunktionen beherrscht, dann wird es in dieser Zeit auch schon etwas von Gottes Allgegenwart, seiner Liebe und Fürsorge verstehen!

Und für diesen Gedanken möchte ich dich begeistern. Denk nicht, biblische Unterweisung beginnt erst im Kindergartenalter, nein, fang jetzt schon bei deinem Säugling damit an.

Suchst du nach weiteren Anregungen: Aus Amerika kommt eine Anleitung, die sich „See and Know" nennt, zu deutsch „Sehen und Verstehen". Es ist eine biblische Schulung für Babys und Kleinkinder von 0 bis ca. 3 Jahren für das Leben mit Gott im Alltag.

Sechs Themenbereiche werden im wesentlichen angeschnitten: Gott als Schöpfer, als Versorger, als Beschützer und als Vater, sowie die Gedanken „Jesus als Freund erkennen" und „Gott braucht auch dich".

Diese Themen können jedoch erweitert werden, zum Beispiel durch „Familie", „Gebet", „Jahreszeiten" ...*

Vielleicht denkst du jetzt: „Ist das Ganze nicht zu massiv? Werden die Kinder dadurch nicht manipuliert?"

Dann halte dir vor Augen: Wenn du deinen Kindern nicht Eindrücke weitergibst und sie damit prägst, werden es andere tun; lernbegierig sind sie so oder so. Die ersten Lebensjahre solltest du nicht nutzlos verstreichen lassen.

Und zu guten Christen können wir sie ohnehin nicht programmieren – auch wenn durch diese Art der Unterweisung viele geistliche Schätze in die „kindliche Kornkammer" getragen werden. Aber wir haben die Chance, den Boden gut zu bereiten und sie von Anfang an mit den richtigen „Werkzeugen des Denkens und Handelns" aus-

---

* Ein Kassettenvortrag vertieft diese Thematik. Du kannst ihn über den Mühlan-Medien-Dienst, Leipziger Str. 233, 3300 Braunschweig, beziehen.

zustatten, mit denen sie als Jugendliche ihr Leben eigenverantwortlich gestalten können.

In Matthäus 13,3ff sagt Jesus, unsere Aufgabe sei, den Samen des Wortes Gottes auszustreuen. Die besten Ergebnisse werden bekanntlich erzielt, wenn guter Same in guten Boden gesät wird.

Die weiche, offene Seele eines Kleinkindes ist solch ein guter Boden. Welch ein Vorrecht ist es, Gottes Wort, seine Liebe und seinen Plan für das kleine Leben in diesen Herzensboden hineinzusäen!

Wie soll man das alles schaffen?

Nun stehe ich schon achtzehn Jahre im „Geschäft Familie“ und habe eine Menge lernen müssen. Ich glaube, ich habe dir noch gar nicht erzählt, wie alles angefangen hat!

Eberhard und ich haben uns als junge, feurige Christen kennengelernt. Für uns war es überhaupt keine Frage: Wir wollten Jesus dienen und unser Leben für ihn einsetzen. Als junges Studenten-Ehepaar hatten wir eine herrliche und aufregende Zeit. Wir waren Mitarbeiter in einer evangelistischen Musikgruppe und an vielen Wochenenden zu Einsätzen unterwegs. Darüber hinaus arbeiteten wir in einer Teestube mit und halfen in einer Rehabilitationsarbeit für Drogenabhängige. Da Eberhards Hobby Reisen war, erlebte ich mit ihm die schönsten Touren. Mit unserem selbstausgebauten Camper waren wir einmal am Nordkap und das nächste Mal in Marokko. Ich liebte es, mit Eberhard in den unendlichen Sternenhimmel zu schauen und von unserem gemeinsamen, zukünftigen Leben zu träumen. Aber über allem stand das Verlangen, Gottes Plan für unser Leben zu erkennen und auszuführen.

Ziemlich schnell – so nach einem Jahr – tauchte bei uns der Wunsch auf, ein Baby zu bekommen. Als ich dann schwanger war und mein Bauch sichtlich wuchs, wurde mir doch etwas mulmig. „Was kommt jetzt auf mich zu?“ habe ich mich gefragt. „Herr, muß ich jetzt alles aufgeben: meine ganze Freiheit, das Reisen, die evangelistischen Einsätze? Soll ich jetzt immer zu Hause hocken – nur wegen eines Kindes? Das lohnt sich doch gar nicht!“

So habe ich damals gebetet; ich ahnte nicht, daß Gott mein Gebet prompt erhören würde. Am ersten Tag meines Schwangerschaftsurlaubes nahmen wir zwei kleine Mädchen auf, die in dem Rehabilitationszentrum abgesetzt worden waren. Da hatte ich auf einen Schlag drei Kinder!

„So“, klang es in meinem Herzen, „jetzt mag es sich vielleicht lohnen.“

An dieser Stelle muß ich betonen, daß ich kein mütterliches Naturtalent bin, auch keine Lehrerin oder Erzieherin. Ich komme schlicht und einfach aus dem Büro und hatte absolut keine Ahnung von Kindererziehung und -versorgung. Ich wußte nicht, was Zweijährige essen, wie ihr Schlafrhythmus ist oder was sie spielen. Gleich zu Beginn wollte ich ihnen einen Riesengefallen tun. Ich ließ Wasser in die Badewanne, um sie darin plantschen zu lassen. Den ganzen Wohnblock schrien die beiden vor Panik zusammen, als sie das Wasser sahen. Woher sollte ich wissen, daß sie kein Wasser mochten?

Als frischgebackene Mutter habe ich also ganz schön geschwitzt. Immerhin mußte ich ja „nebenbei“ noch unser erstes Baby aufziehen. Aber mit Eberhards tatkräftiger Unterstützung wuchs ich schnell in meine Aufgaben hinein. Und dann machte es mir richtig Freude, für die drei kleinen Geschöpfe da zu sein.

Ein Riesengeschenk unseres Vaters im Himmel war, daß wir als fünfköpfige Familie in ein schönes, altes Landhaus am Stadtrand einziehen konnten und darin auch noch für ein Jahr kostenfrei wohnen durften. Wie hätten wir sonst durchkommen sollen, denn Eberhard studierte noch das letzte Semester an der Pädagogischen Hochschule, und ich hatte natürlich aufgehört zu arbeiten. Dort, in der neuen Umgebung, legte Gott den Wunsch in unser Herz, noch mehr Kinder aufzunehmen. Ein Wort Jesu ging uns nicht mehr aus dem Sinn: „Wer eines dieser Kleinen aufnimmt in meinem Namen, der nimmt mich auf" (Matthäus 18,5).

Inzwischen war das Jugendamt auf uns aufmerksam geworden. Alle paar Monate rief eine ältere Dame an und fragte, ob wir noch Platz für einen weiteren Notfall hätten. Diese Sachbearbeiterin stand kurz vor ihrer Pensionierung und hatte sich selbst die Aufgabe gestellt, vor ihrem Ruhestand noch so viele Kinder wie möglich in einer Pflegefamilie unterzubringen. So kamen wir innerhalb eines guten Jahres auf die stattliche Zahl von sechs kleinen Kindern, das älteste vier Jahre, das jüngste wenige Monate alt.

Soll ich dir verraten, wie alt ich damals war? Ganze 21 Jahre!

Bei den Sechsen ist es ja nicht geblieben. Die Zahl stieg bis auf zwölf, davon allein sechs angenommene Kinder.

Belastbarer werden

Die häufigsten Fragen, die mir gestellt werden, lauten: „Wie führt man eigentlich eine so große Familie? Meine zwei reichen mir schon voll und ganz. Ich schaffe nicht mehr!" Oder: „Wie packst du das? Wo holst du nur die Ruhe und die Geduld her?"

Nun, das frage ich mich manchmal selbst, besonders wenn es recht turbulent zugeht. Für dieses Buch habe ich noch einmal neu über mein vergangenes Leben nachgedacht, um meine Lernschritte und Lebensprinzipien formulieren zu können. Ich möchte dir eine Strategie mit-

geben, an die du dich halten kannst, um mit Freuden Frau zu sein und für den Kinderalltag belastbarer zu werden.

Fünf Entscheidungen spielen für mich in meinem Familienalltag eine wichtige Rolle:

- Ich will immer wieder meine Berufung als Ehefrau und Mutter annehmen und darin aufgehen.
- Ich will meine Ehebeziehung niemals vernachlässigen. Eberhard braucht mich, und ich brauche ihn.

- Ich will auf einen ausgewogenen Lebensstil achten. Dazu gehört mitunter eine eiserne Disziplin, aber auch die Freiheit, sich richtig zu entspannen oder sich etwas Gutes zu gönnen.
- Ich möchte eine Weitsicht behalten für alle Familienjahre und die kleinen Vorfälle nicht zu tragisch nehmen.
- Ich will in der „Frucht des Geistes" (Galater 5,22) wachsen und auf Gottes Kraft vertrauen.

Die Berufung annehmen

21 Jahre alt war ich bei unserer stürmischen Familiengründung und ein recht ungebundenes und abwechslungsreiches Leben an der Seite von Eberhard gewohnt. Obwohl ich wußte, daß mir diese Aufgabe direkt von Gott in den Schoß gelegt worden war, und ich auch meinte, meine Berufung als Mutter angenommen zu haben, wuchs in meinem Herzen doch eine gewisse Eifersucht auf Eberhard.

Ich weiß nicht, ob du das auch kennst. Da sitzt du nun schon den dritten Abend hintereinander allein zu Hause, weil dein Mann mal wieder zur Bibelstunde oder zur Vorstandssitzung oder zu einem seelsorgerlichen Gespräch bis Mitternacht unterwegs ist, und mißmutige Gedanken ergreifen dich: „Jetzt hocke ich schon wieder allein bei den Kindern. Und Eberhard? Der genießt den Duft der großen, weiten Welt!"

Ich war mächtig erschrocken, als ich merkte, daß ich diese Gedanken nicht einfach abschütteln konnte, sondern sie sich in mir festfraßen. Das wollte ich nicht zulassen. Ich hatte Eberhard doch von Herzen lieb und die Kinder genauso.

Als ich meine Not im Gebet zu Gott brachte, empfing ich zunächst nicht etwa Trost. Der Heilige Geist nannte mir die Wahrheit: „Claudia, so, wie du denkst, das ist schlicht und einfach Sünde. Paß auf dich auf! Laß in deinem Herzen keine Wurzel der Bitterkeit zu."

Dies erschütterte mich sehr, ich ging auf die Knie und tat von Herzen Buße: „Jesus, bitte vergib mir meine verkehrte Haltung, meine Eifersucht und meine Bitterkeit! Ich will meine Berufung als Frau von ganzem Herzen annehmen. Hilf mir!"

Danach erlebte ich, wie Jesus mich tröstete. Tiefer Friede ergriff mich und Freude über meine Aufgaben. Vor allem gab mir Gott eines ins Herz: „Claudia, du brauchst überhaupt nicht mit Männern – mit deinem Mann – zu konkurrieren. Ich habe Aufgaben für dich, die nur du als Frau erfüllen kannst, kein einziger Mann."

Dieser Gedanke hat mich ungemein aufgerichtet, denn wie so viele andere junge Frauen hatte ich Probleme mit der Identifikation mit meinem weiblichen Geschlecht. In mir brach eine Sehnsucht und eine Ahnung auf, wie befreiend es sein muß, seine Berufung als Mutter anzunehmen und mit Freuden Frau zu sein. Ein weites Lernfeld tat sich vor mir auf, und ich freute mich auf das, was Gott mir alles zeigen würde.

Eberhard erzählte ich zunächst einmal nichts von diesem Abend. Offen gesagt, mir war es zu peinlich. Aber mit Jesu Hilfe nahm ich mir etwas vor: Ich wollte meine vermeintlichen „Rechte" aufgeben und meinem Mann und meinen Kindern wirklich dienen, ganz gleich, wie sie darauf reagieren würden. Ich wollte meinen Teil tun, damit Gott an mir und meiner Familie wirken konnte.

Aufgrund der großen Familie hatte Eberhard schon immer viel mitgeholfen: Einkaufen, in der Küche Ordnung schaffen, Babys wickeln, Kinder ins Bett bringen. Aber mit der Zeit hatte ich das nicht mehr als Hilfe angesehen, sondern als Selbstverständlichkeit. Und nicht nur das: Ich fing an, Forderungen zu stellen und an ihm herumzunörgeln. Aber damit sollte jetzt Schluß sein!

Mit der Vergebung im Herzen und Gottes neuem Zuspruch schaute ich ganz anders auf Eberhard. Wie die Frau in den alttestamentlichen Sprüchen wollte ich ihm „Gutes tun und nichts Böses alle Tage meines Lebens" (Sprüche 31,12). Und das gleiche für meine Kinder.

Einige Wochen verstrichen. Erstaunt stellte ich fest, wie ich anders wurde. Die Hausarbeit ging besser von der Hand, und die Kinder nervten mich nicht mehr so sehr. Vor allem war ich freundlicher und geduldiger. Und was Eberhard betraf: Es machte mir Freude, ihm Gutes zu tun, ohne gleich etwas dafür zu erwarten.

Für mich war dieses Kapitel „Berufung annehmen" lebensentscheidend, und ich bin fest davon überzeugt, daß nur der Mensch, der seine Berufung – die Situation, in die Gott ihn hineingestellt hat – von ganzem Herzen lernt anzunehmen, letztlich ein erfülltes Leben führen kann. Ich habe selbst erlebt, wie befreiend eine solche Entscheidung sein kann.

Wie steht es mit dir? Kannst du ja sagen zu der Situation, in der du zur Zeit stehst? Zum Beispiel zu deiner Kinderzahl? Vielleicht hat sich unerwartet noch ein Nachzügler angemeldet, oder es stellt sich, trotz Kinderwunsch, einfach keine Schwangerschaft ein. Kannst du ja sagen zu deinem Ehepartner, oder spuken in deinem Kopf negative Gedanken herum: „Ach, wenn er doch nur so wäre wie der und der. Ein bißchen forscher und nicht so lahm. Oder ein bißchen ruhiger ..."

Wie deine Lage auch sein mag – ich meine, es ist wichtig, daß du sie zunächst einmal annimmst und daß du zerstörerische Gedanken von dir weist. Ich habe mir einen Ausspruch des Apostels Paulus zu Herzen genommen: „Ich habe gelernt, mit dem zufrieden zu sein, in dem ich mich befinde!" Danach konnte er nämlich sagen: „Ich vermag alles durch den, der mich stark macht" (Philipper 4, 11.13).

Vielleicht ist es sogar nötig, daß du, so wie ich, über

deine Rebellion aufrichtig Buße tust, Gottes Vergebung, Heilung und Beistand annimmst und dann lernst, erfüllt in deinen Aufgaben zu stehen. Ansonsten werden ständig Gefühle der Unzufriedenheit, der Minderwertigkeit, der Bitterkeit oder gar der Eifersucht in dir rumoren. Und wie viele Frauen schlagen sich damit herum ...!

Noch einmal: Nur der Mensch, der seine Berufung von ganzem Herzen angenommen hat, wird letztlich ein erfülltes Leben führen können. Und das wünsche ich dir!

Nur Mutter und Hausfrau?

Man muß sich heutzutage schon verteidigen, wenn man sich mit den Aufgaben als Mutter und Hausfrau begnügt. Manch eine Frau schlägt sich mit dem „Nur-Hausfrau-Syndrom" herum und kommt sich ganz grau und häßlich vor.

Vielleicht bist du jetzt gerade dabei, eine Familie zu gründen. Das erste Baby kommt, du gibst deine Berufstätigkeit auf, um wirklich für das Kind da zu sein, und dann ...?

Nun, du bist von einem Angestelltenverhältnis in eine freiberufliche Tätigkeit übergewechselt. Während andere Frauen morgens fröstelnd an der Bushaltestelle in der großen Masse finsterer Gesichter von einem Fuß auf den anderen treten und sich von einem launischen Chef vorschreiben lassen müssen, was sie zu tun haben, kannst du deinen Tag selbst einteilen. Da sitzt du mit einer dampfenden Tasse Kaffee am Frühstückstisch und planst die Arbeit des Tages. Dann betest du und fragst: „Herr, womit kann ich heute dein Herz erfreuen?" Flott erledigst du deinen kleinen Haushalt und machst dich auf, dem Herrn zu dienen.

Warum wird Mutter- und Hausfrauendasein immer so miesgemacht und die Berufstätigkeit einer Frau in den rosigsten Farben gemalt? Eintönig, nervig und langweilig soll der Hausfrauenalltag sein. Na, nun mal Hand aufs Herz, wo gibt es denn die Frauenberufe, die jeden Tag neu erfrischend, abwechslungsreich und anregend das Leben einer Frau erfreuen? Die meisten Berufe sind harte Arbeit. Und auch ein „Traumberuf“ kann eintönig, nervig und langweilig werden. Ganz gleich, wo du steht, es kommt darauf an, was du aus deinem Alltag machst.

Also, ich sage von mir: Ich bin Erzieherin, Hauswirtschaftsleiterin, Raumgestalterin, Köchin, Krankenschwester, Gärtnerin und was sonst noch alles. Vor allem, ich kann meine Zeit selbst einteilen – wie eine selbständige Geschäftsfrau. Es macht mir Spaß, den Haushalt zu schmeißen und mein Leben in eine hoffnungsvolle neue Generation zu investieren.

Nun habe ich eben ganz schön auf die Pauke gehauen, dessen bin ich mir bewußt. Manche Mutter fühlt sich tatsächlich nicht ausgelastet und meint, in ihren vier Wänden zu versauern, gerade wenn die Kinder älter und selbständiger werden. Ich wäre mit zwei oder drei Kindern in einer Vier-Zimmer-Wohnung auch nicht ausgelastet. (Andern ist das mehr als genug ...)

Wenn eine Frau nicht überfordert wird und das Familienleben nicht zu kurz kommt, ist gegen eine teilweise Berufstätigkeit der Mutter überhaupt nichts einzuwenden. Obwohl schon bange Fragen kommen: Was ist, wenn das Kind einen schulfreien Tag hat oder plötzlich erkrankt? Manche Frauen müssen berufstätig sein, weil sie sonst finanziell nicht über die Runden kommen. Dann muß das Familienleben trotzdem weitergehen.

Aber wenn der finanzielle Druck nicht vorliegt, ist für eine christliche Frau, die über Kinder und Haushalt hinaus noch Kapazitäten frei hat, Berufstätigkeit nicht die einzige Alternative. Da gibt es so viele Aufgaben, die direkt vor ihrer Tür liegen und mit denen sie Gott und Menschen dienen kann.

Wir leben in einer hektischen, lieblosen, kinderfeindlichen Gesellschaft, und jede Frau ist aufgerufen, Geborgenheit, Frieden und Licht hineinzutragen. Das fängt mit deinem Zuhause an, aber hört dort noch lange nicht auf.

Warum nicht ein Kind aufnehmen, ganz oder teilweise? Warum nicht eine Alleinerziehende in die eigenen Familienaktivitäten einbeziehen? Sich um die Waisen und Witwen zu kümmern ist laut Bibel einer der wichtigsten Dienste für Christen! Und das Heer der Voll- beziehungsweise Sozialwaisen und Witwen wird immer größer.

Kinderarbeit, Nachbarschafts- und Schularbeitenhilfe, Frauenarbeit – dies alles sind Aufgaben, zu denen man noch nicht einmal die eigene Wohnung verlassen muß. Es gibt genügend Dienste, in die du deine Kinder einbeziehen könntest, und Aufgaben, die du besser erfüllen kannst als jeder Mann. Jede aktive Kirchengemeinde hat einen chronischen Mangel an Mitarbeitern. Warum mit Berufstätigkeit liebäugeln, wenn du Gott dort mit ganzem Herzen dienen kannst?

Als ich mich mit den ersten sechs Kindern einigermaßen eingearbeitet hatte, überlegte ich, wie ich Gott über meine Familie hinaus dienen könnte. Da ist bei mir zu Hause spontan ein Mütterkreis entstanden. Ich hatte gerade mal wieder ein Kind entbunden, und eine Freundin, die das erste Mal schwanger war, rief an und fragte, ob sie nicht von mir lernen könnte.

„Klar", sagte ich, „komm vorbei! Wir wickeln und baden den Wurm zusammen, und übers Stillen kann ich dir auch schon einiges erzählen." Das fand sie so toll, daß sie ein paar Tage später noch eine mit einem dicken Bauch anschleppte.

Ich betete: „Herr, es ist wirklich großartig, wie ich diese jungen Mütter ermutigen kann. Aber es gibt doch so viele Frauen, die es nötig hätten. Ich bin bereit, dir zu dienen. Aber du weißt, mit dieser Horde von kleinen Kindern kann ich nicht weg. Du mußt mir die Frauen schon vor die Tür schicken."

Nur einige Wochen später klingelte es an der Tür, und da stand eine junge Frau mit ihrem kleinen Sohn. „Ach", seufzte sie, „ich komme mit meinem Jungen nicht an Ihrem Haus vorbei. Immer wenn er die vielen Kinder spielen sieht, will er zu ihnen in den Garten."

So kamen wir ins Gespräch, und ich lud sie zu meinem Mütterkreis ein. Sie war hellauf begeistert und klagte mir, sie wohne schon so lange in diesem Ortsteil und habe immer noch keinen richtigen Kontakt zur Nachbarschaft. Solche Frauen sind mir des öfteren begegnet. Es sieht doch recht einsam aus in unseren Wohnvierteln.

Inzwischen ist der Kreis so auf zehn bis zwölf Frauen gewachsen, zum Teil aus der Nachbarschaft, zum Teil aus verschiedenen Gemeinden. Wenn wir zusammenkommen, haben wir kein Programm. Wir frühstücken, plaudern, tauschen Rezepte aus, sprechen über Kindererziehung und natürlich auch über Glaubensfragen. Das Wesentliche jedoch sind die persönlichen Kontakte von Frau zu Frau.

Jetzt, wo ich mehr größere als kleinere Kinder im Hause habe, kann ich mich stärker in die Familienarbeit eingeben und von Zeit zu Zeit Eberhard zu den Seminaren begleiten. Außerdem bin ich in der Frauenarbeit unserer örtlichen Kirchengemeinde aktiv.

Das Tätigkeitsfeld einer Mutter darf sich nicht nur auf Haushalt und Kinder beschränken. In meinen Augen ist das zuwenig. Je nach Alter der Kinder und je nach Familiengröße sollte sie Möglichkeiten suchen, weitere Anregungen und Aufgaben zu finden.

Verliebt durch alle Ehejahre

Es gibt nicht nur einen Geschwisterneid – das ältere Kind wird eifersüchtig auf das jüngere –, nein, es soll auch einen „Väterneid“ geben. Väter, die sich zurückgesetzt fühlen und eifersüchtig werden, weil plötzlich das Baby von ihrer Frau mehr Aufmerksamkeit und Zärtlichkeit bekommt als sie. Davor solltest du deinen Mann bewahren und deine Liebe gleichmäßig verteilen.

Kleinkinder nehmen Eltern, insbesondere Mütter, sehr in Anspruch. Davon kann ich ein Lied singen. Vielleicht hast du es gar nicht beabsichtigt, aber plötzlich merkst du, daß sich zuviel, ja vielleicht alles um das Baby dreht. Wenn sowieso schon kleine Dissonanzen zum Ehepartner bestehen, ist eine Mutter ohnehin ge-

VÄTERNEID

neigt, ihr emotionales Defizit bei den Kindern zu stillen. Und das ist nicht gut, weder für die Ehe noch für die Kinder.

Fürsorge für die Kleinen ist sehr wichtig, aber mindestens genauso wichtig ist die Pflege und Vertiefung der Ehebeziehung. Die ersten Kandidaten für einen Nervenzusammenbruch sind nämlich die Mütter, deren Gedanken sich ständig um ihre Kinder drehen, die nicht einen Abend weggehen und sie niemals aus den Augen lassen.

Mach dir bewußt, daß das Klima einer harmonischen, von Wertschätzung getragenen Ehebeziehung eines der besten Dinge ist, mit denen Kinder aufwachsen können. Die Kinder fühlen sich wohl, und du kannst mit solch einem Lebensgefühl Bäume ausreißen. Um das zu erhalten, gehört aber auch genügend Zeit zu zweit dazu.

Die Gefahren des elterlichen Verschleißes hat Eberhard gleich nach unserer Familiengründung erkannt. „Claudia", beschwor er mich, „die Kinder werden groß und selbständig und werden uns verlassen, aber mit dir will ich glücklich alt werden. Laß uns nicht die Fehler anderer wiederholen, sondern von vornherein unsere Zweierbeziehung genügend pflegen!"

Und so haben wir es gehalten, von Anfang an bis heute. Wenn man nur will, kann man – selbst bei einer so großen Familie – immer wieder schöne, romantische Momente zwischendurch erleben: hier eine liebevolle Geste, da eine kleine Überraschung oder eine unerwartete Mithilfe.

Ihr beide braucht genügend Zeit zu aufrichtigen Gesprächen und für regelmäßige, gemeinsame Entspannung. Du mußt auch mal richtig abschalten können, für ein paar Stunden vergessen, daß du Kinder hast, und ungestört das erotische Zusammensein mit deinem Mann genießen.

Das ist möglich. Dazu gehört einmal die Einsicht über die Wichtigkeit der ehelichen Zweisamkeit, dann ein

Blick für die passenden Momente zwischendurch und ein wenig Organisationstalent, was Oma, Freundin oder Babysitter betrifft, um sich die Kleinen für einen Abend oder für ein Wochenende vom Hals zu halten.

Vergiß nicht, deine Kinder werden dich gerade runde zwanzig Jahre brauchen, aber ihr beide wollt glücklich miteinander alt werden. Und bis zur goldenen Hochzeit sind es allein schon fünfzig Jahre ...!

Ein ausgewogener Lebensstil

Wer mich kennt, weiß, daß ich viel auf persönliche Disziplin gebe. Er soll aber auch wissen, daß ich viel von gezielter Entspannung halte und meine, daß man sich zwischendurch auch einmal etwas Gutes gönnen sollte. Das ist in meinen Augen ein ausgewogener Lebensstil!

Ich kenne Mütter, die immer vor sich hinwurschteln, nie zur Ruhe kommen und ihrer Umwelt jammernd demonstrieren, wie arm sie dran sind. Oder auch die Mütter, die einfach nicht in Gang kommen. Sie können ihre Zeit nicht einteilen, keine Arbeit ordentlich zu Ende führen. Ihr Haushalt und ihr persönliches Leben gleichen einem Chaos. Diese Frauen entsprechen genau dem geringschätzigen Bild, das in unserer Gesellschaft über das Leben einer Hausfrau umgeht: faul, schlampig und unorganisiert.

Ich vergleiche meine Arbeit mit der einer berufstätigen Frau. Was erwartet man denn von einer Geschäftsfrau oder einer Sekretärin oder einer Verkäuferin? Man erwartet, daß sie adrett ist, sich nett kleidet; natürlich auch, daß sie immer höflich ist und keinen Kunden unter ihren Launen vergrault, daß sie pünktlich und zuverlässig ihren Aufgaben nachkommt.

Das gleiche gilt für dich als Hausfrau. Es hat eine andere Wirkung auf deinen Mann, deine Kinder und dein

Wertgefühl, wenn du nett gekleidet bist und mit einem frischen Make-up deiner Hausarbeit nachkommst, als wenn du in den letzten Klamotten, mit wirrem Haar und Rändern unter den Augen durchs Haus schlurfst. Manche Frau fragte mich, ob ich mich denn so frisch, wie ich auf den Seminaren herumlaufe, auch privat zu Hause kleide und gebe. Ja, das tue ich, denn das Äußere ist in gewisser Weise ein Spiegel des Innenlebens.

Ich möchte mir allergrößte Mühe geben, und nehme dazu immer wieder die Hilfe Jesu in Anspruch, meine Kinder so wenig wie möglich unter meinen Launen leiden zu lassen, auch nicht unter Schludrigkeit oder Unpünktlichkeit oder Faulheit. Häufig muß ich mir auf die Zunge beißen, denn bei so vielen Kindern gäbe es viel zu mäkeln, besonders wenn die Dinge nicht so laufen, wie man es sich vorgestellt hat. Aber ich weiß, daß ich Gott über jedes unnütze Wort, das ich geredet habe, Rechenschaft ablegen muß. Und ich möchte nicht, daß diese Liste endlos wird.

Eine Hausfrau kann ihre Zeit recht frei einteilen, um so wichtiger ist es, die Woche und den Tag durchzuplanen. Jeder Freiberufler muß es tun, sonst kommt er nicht durch oder arbeitet ineffektiv. Gerade in diesem Bereich hapert es bei vielen Frauen. Muß es denn sein, daß du jeden Tag einkaufen gehst? Dir geht sehr viel Zeit und wahrscheinlich auch sehr viel Geld verloren. Besser ist es, wöchentlich einen Mahlzeitenplan aufzustellen, auf Sonderangebote zu achten und ein- bis zweimal gezielt einzukaufen. Auch die immer wiederkehrenden Hausarbeiten sollten nach einem Wochen- beziehungsweise Tagesplan durchgecheckt werden.

Würde ich meinen Tag nicht organisieren, ich käme niemals durch. Wenn ich arbeite, dann fliegen allerdings die Fetzen. Es ist doch herrlich, wenn man Punkt für Punkt abhaken kann! Haushaltsarbeit kann so gut geplant werden, und was zunächst als Riesenberg erscheint, ist dann doch schneller erledigt, als man gedacht hat.

Meine Aufgaben habe ich immer so geplant, daß ich zum Beispiel abends nicht mehr zu arbeiten brauchte. Eine Hausfrau muß auch einmal Feierabend haben! Ja, meinem Hobby bin ich in den Abendstunden nachgegangen: ich habe genäht, gebastelt, die Wohnung kreativ umgestaltet – aber das zähle ich nicht zur Arbeit, sondern zur Entspannung.

Ich wünsche mir, ich könnte dich als junge Mutter für eine kreative, schwungvolle Haltung in bezug auf deinen Haushalt begeistern. Das ewige Stöhnen, Arbeitenvor-sich-Herschieben und Nicht-in-Gang-Kommen ist ätzend.

Andererseits plädiere ich dafür, daß eine Mutter und Hausfrau auch Möglichkeiten hat, auszuspannen, Abwechslung zu haben und sich etwas Gutes zu gönnen. Mit diesem Rhythmus „Klotzen und Genießen" läuft nämlich alles besser.

Da eine Mutter in der Regel vom Aufstehen der Kinder bis zu deren Schlafengehen – und oftmals auch noch in der Nacht – gefordert ist, sollte sie pro Woche mindestens einen halben Tag haben, an dem sie ohne Kinder machen kann, was sie will: eine Freundin besuchen, einen Einkaufsbummel machen, Schwimmengehen oder sonst etwas. Das muß einfach möglich sein, und der Ehemann muß mitdenken und mitplanen.

Ist eine Oma oder eine liebe ältere Nachbarin vor Ort, ist dieses Ziel gar nicht so schwer zu verwirklichen. Aber nur wenige haben dies. Dann gibt es andere Möglichkeiten. Zwei Freundinnen von mir mit Kleinkindern lösen sich gegenseitig ab. An einem Vormittag kommt die Kleine zu der einen, und die andere hat einige Stunden frei, und das nächste Mal ist es umgekehrt. Nicht nur die Mutter hat eine Erleichterung, gleichzeitig werden Kinderfreundschaften gefördert, die Kinder lernen größere Eigenständigkeit und mit anderen spielen. Halte deine Augen auf. Du wirst sicherlich auf eine Frau deines Stils stoßen.

Langfristig gesehen solltest du mit anderen Familien deiner Gemeinde dafür beten und planen, daß ihr zusammen Wohnungen in einem Ortsteil findet. In unserem Stadtteil wohnen inzwischen fünf Familien aus unserer Gemeinde, alle in einem Abstand, daß sich die Kinder gegenseitig zu Fuß oder mit dem Fahrrad besuchen können. Es ist ein herrliches Kommen und Gehen. Und muß die eine Mutter plötzlich mit einem Kind zum Arzt, können schnell die anderen bei der Freundin abgesetzt und hinterher wieder abgeholt werden.

Noch schöner ist es, eine Hausgemeinschaft zu bilden. Wir haben die ersten Jahre, als wir noch nicht soviel Platz brauchten, unser Haus mit einer anderen Familie geteilt. Und gleich nebenan wohnte noch eine weitere Familie. Angefangen von der gemeinsamen Stillen Zeit über abwechselnde Kinderbetreuung, gemeinsame Beschaffung und Nutzung von Maschinen bis hin zu Gemeinschaftsunternehmungen und Beistand in Notfällen sind das großartige Gelegenheiten, aus der Isolierung als Kleinfamilie auszubrechen und gemeinsames Leben zu gestalten.

Wie auch die Möglichkeiten sind, eine Frau kann nicht ständig Kinder und Haushalt um sich haben, sie braucht „Tapetenwechsel", um für den Familienalltag neu aufzutanken.

Die kleinen Vorfälle nicht zu tragisch nehmen

Zur persönlichen Belastbarkeit gehört, daß du die kleinen Vorfälle mit den Kindern einfach nicht zu tragisch nimmst oder sie sogar überbetonst. Anders ausgedrückt: Lerne, mehr über den Dingen zu stehen.

Der Grund, warum manche Mütter so genervt und aufgerieben sind, liegt darin, daß sie zuviel Aufhebens um Kleinigkeiten machen, Dinge zu negativ sehen, ihren Mund nicht halten können und dadurch selbst Anlaß zu Machtkämpfen geben.

Wenn ich höre, wie sich Mütter ereifern, weil die Kleine unbedingt den grünen statt den roten Pulli anziehen möchte, oder über gewisse Eigenarten eines Kindes den Kopf verlieren, muß ich sagen: „Mutti, du solltest noch mehr lernen, über den Dingen zu stehen und den Alltag nicht so ernstzunehmen." Das kann ich aber auch nur sagen, weil ich mich selbst in eine eiserne Pflicht genommen habe und täglich bete, daß Jesus mir die Besonnenheit und den Frieden erhält.

Ich denke an einen gar nicht so harmlosen Vorfall mit einer meiner Töchter. Sie war damals fünf Jahre alt und ging in den Kindergarten. Eines Mittags spricht mich die Leiterin an: „Sag mal, warum gebt ihr eigentlich eurer Tochter so viel Süßigkeiten mit in den Kindergarten?"

Ich antworte: „Süßigkeiten?! Wir geben unserer Tochter nie Süßigkeiten mit!"

Dann machte es bei mir da oben „Klick!". Wo mag sie nur die Süßigkeiten herhaben? Naja, und dann kam heraus, daß sie gestohlen hatte, und zwar raffiniert und häufig. Sofort rotierte es in meinem Kopf: „Deine Tochter! Ein Dieb! Wie soll das nur weitergehen, wenn sie älter wird, wenn sie ein Teenager ist?" Ich sah sie schon mit Räuberbanden Supermärkte ausräumen!

Und dann sagte ich mir: „Stop, Claudia! So darfst du nicht denken!" Mit Gewalt habe ich diese zerstörerischen Gedanken gefangengenommen, mich gezwungen, Gutes zu denken, für das Mädchen gebetet und es gesegnet.

Dies ist nur eine kleine Episode aus einem Familienalltag. Aber wenn sie sich häufen und du ständig in diesen negativen, zerstörerischen Gedankengängen lebst, dann machen sie dich fertig. Übrigens, die Stehlerei ist bei dem Mädchen nur in dem Alter vorgekommen und nicht wieder. Jetzt ist sie eine verantwortungsbewußte, großartige junge Dame.

Aus diesem Beispiel und aus anderen habe ich gelernt. Bei aller Erziehung ist es wichtig, Gelassenheit und Ruhe zu bewahren und das Leben und die Zukunft der Kinder zuversichtlich einzuschätzen.

Wenn du ein ängstlicher Mensch bist, dann wirst du nicht von heute auf morgen ruhig und gelassen – aber du kannst es lernen! Betrachte deine Probleme nicht als unüberwindlich, sondern vertraue darauf, mit Gottes Hilfe ihrer Herr zu werden.

Ich habe festgestellt, es lebt sich leichter, wenn man

gelernt hat, alle Schwierigkeiten an seinen Vater im Himmel abzugeben. Wie oft machen wir uns unnötige Sorgen über die Erziehung unserer Kinder und über unsere Zukunft. Wie oft beschäftigen wir uns mit finanziellen Problemen, anstatt sie Gott zu überlassen.

Ich weiß, daß mich Groll und Bitterkeit – ganz besonders innerhalb der Ehe und Familie – hindern werden, fröhlich meiner Aufgabe als Mutter nachzukommen. Aber in meiner Beziehung zu Jesus Christus, die sich immer mehr vertieft, lerne ich, dieser Schwierigkeiten Herr zu werden.

Auf Gottes Kraft vertrauen

Und damit bin ich bei meinem letzten und wichtigsten Punkt. Spreche ich über „Berufung annehmen", „Ehebeziehung vertiefen", „persönliche Disziplin", „Zeitplanung", „flottes Arbeiten" oder „Gelassenheit", dann sind das hohe Vorsätze, die die wenigsten Menschen von sich aus verwirklichen können. Ich auch nicht.

Das Großartige ist: Du mußt es ja gar nicht allein schaffen, dir steht Gottes Kraft zur Verfügung und die Möglichkeit der Persönlichkeitsveränderung aus einer lebendigen Beziehung zu Jesus!

Größere Belastbarkeit kommt nicht durch positives Denken oder durch eine „Selbstbesinnung auf körpereigene Kräfte", sondern durch die demütige Einsicht, es allein doch nicht zu schaffen und dadurch eine Menge Schuld auf sich zu laden. Kommst du mit diesem Paket zu Jesus und bittest du ihn um Vergebung und um einen neuen Anfang unter seiner Herrschaft, dann beginnt ein Neues.

Als wir die sechs Kinder eins nach dem anderen aufnahmen und ihnen der Verlust an Geborgenheit und Liebe so richtig aus den traurigen Augen schaute, da hat es mir fast das Herz gebrochen. Damals faßte ich einen Vorsatz: „Ich möchte meinen Kindern eine heile und geborgene Kindheit mitgeben. So wenig wie möglich sollen sie unter meinen eigenen Macken und Launen zu leiden haben. Ich will durch meine Persönlichkeit Gottes Frieden und Gottes Liebe in diese kleinen, geschundenen Geschöpfe pflanzen."

Solche Vorsätze sind wertvoll. Haben wir eine gute Phase, dann schaffen wir es, sie zu verwirklichen. Aber der Alltag sieht doch ganz anders aus. Die einzige Chance, beständig Liebe weitergeben zu können, besteht darin, sich zunächst einmal selbst mit Gottes Liebe erfüllen zu lassen.

Folgendes Bibelwort ist mir zu einem Leitvers geworden und zeigt mir, daß uns ein unerschöpfliches Reservoir an göttlicher Liebe zur Verfügung steht – wir müssen nur lernen, daraus zu schöpfen: „Die Liebe Gottes ist ausgegossen in unsere Herzen durch den heiligen Geist, welcher uns gegeben worden ist" (Römer 5,5).

Jahr für Jahr entdeckte und verwirklichte ich mehr von den biblischen Weisheiten, die uns helfen, die Kraftquellen Gottes für unser Leben besser „anzuzapfen". Es ist spannend, geistlich zu wachsen, Jesus mehr und mehr das Zentrum allen Denkens, Wollens und Fühlens werden zu lassen und dabei an sich selbst zu beobachten, wie man verändert wird.

Nicht allein die großen Erfahrungen, sondern gerade die kleinen Schritte sind es, die nachhaltig verändern und dich Jesus ähnlicher machen, wenn du sie jeden Tag treu und konsequent einhältst. Einige meiner ganz persönlichen Prinzipien, die mich nahe bei Jesus und damit bei Gottes Kraftquellen halten, möchte ich dir für deinen Familienalltag mitgeben.

Für Eberhard und mich gibt es drei Vorsätze, die wir täglich neu einhalten wollen. Ob uns danach zumute ist oder nicht, spielt keine Rolle. Wir wissen, sie sind wichtig, um stark zu bleiben. Versäumen wir diese Dinge für einige Tage oder gar Wochen, stellt sich garantiert ein geistliches Defizit ein. Ich werde mutlos, fühle mich überfordert, Sorgen machen sich breit, und Probleme, von denen ich gemeint habe, sie schon längst überwunden zu haben, stehen wieder wie ein unüberwindbarer Berg vor mir.

Diese drei Punkte sind: Bibellesen, Beten und der Sünde keinen Raum lassen.

„Ach", sagst du, „das kenne ich doch schon! Hast du keine neuen Tips für mich?"

Ich habe keine neuen Tips, und es mag sein, daß du das schon kennst. Aber weißt du, zwischen Kennen und Können, das heißt, das Erkannte zu praktizieren, besteht ein großer Unterschied. Das ist der Mangel vieler Christen: Sie wissen so viel, handeln aber nicht danach und bleiben zeitlebens geistliche Babys.

Lebe täglich mit Gottes Wort!

Verbring keinen Tag, an dem du nicht einen Abschnitt aus der Bibel gelesen hast, zusammen mit deinem Ehepartner, oder wenn sich das nicht ergibt, dann halt allein. „Der Mensch lebt nicht vom Brot allein, sondern von einem jeden Wort, das durch den Mund Gottes ausgeht" (Matthäus 4,4).

Es gibt eine einfache psychologische Gesetzmäßigkeit: Alles, was du in deine Gedanken- und Gefühlswelt hineinläßt, wird dich später oder früher beschäftigen!

Kein Wunder, daß so viele Menschen niedergeschlagen, mißmutig, ängstlich, sorgenvoll und depressiv durch den Tag gehen. Kontrolliere nur einmal, wieviel negative Eindrücke du pro Tag zu verarbeiten hast. Eindrücke, die dich hinterher bis in deine Träume hinein verfolgen.

Als wir einmal in unserem Frauenkreis darüber sprachen, sagte mir eine junge Mutter hinterher: „Wenn ich darüber nachdenke, wieviel Mist ich mir täglich unkontrolliert durch die ständige Radiodudelei in meine Gefühls- und Gedankenwelt reinziehe, schalte ich lieber den Kasten aus und höre mir Anbetungsmusik an."

Gerade wir Frauen sind in unserer Gefühlswelt leicht angreifbar durch mißmutige Stimmungen, Sorgen, Ängstlichkeiten. Deswegen müssen wir um so mehr auf unsere Psyche achten. Ich habe angefangen, mich mit den wohltuenden Gedanken des Wortes Gottes zu „füttern". Im Laufe der letzten Jahre habe ich mich neben meiner täglichen Bibellese geschult, aufbauende Bibelverse auswendig zu lernen. Ich habe sie mir auf ein Karteikärtchen geschrieben, eingesteckt, an meine Pinnwand oder neben den Spiegel geheftet und sie mir während des Tages immer wieder durchgelesen.

Zum Beispiel Jesaja 40, 29-31: „Er gibt dem Müden Kraft und dem Ohnmächtigen mehrt er die Stärke. Jünglinge ermüden und ermatten, und junge Männer straucheln und stürzen. Aber die auf den Herrn hoffen, gewinnen neue Kraft: sie heben die Schwingen empor wie die Adler, sie laufen und ermatten nicht, sie gehen und ermüden nicht."

Oder Galater 5,22: „Die Frucht des Geistes aber ist Liebe, Freude, Friede, Geduld, Freundlichkeit, Gütigkeit, Treue, Sanftmut, Selbstbeherrschung."

Das Nachsinnen über das Wort Gottes und das Auswendiglernen vieler Bibelverse haben meine Persönlichkeit verändert. Ich bin ruhiger, humorvoller und ausgeglichener geworden. Krisensituationen werfen mich nicht mehr so schnell wie früher aus der Bahn.

Lerne einen Lebensstil der Anbetung!

Was immer du tust, wo du auch bist, erhalte dir immer die Kommunikation mit deinem Herrn Jesus! Beten und Gott loben kannst du jederzeit, nicht nur zu bestimmten Gelegenheiten oder Tageszeiten.

„Ich will den Herrn preisen, sein Lob soll immerdar in meinem Munde sein“ (Psalm 34,2).

„Das Wort Christi wohne reichlich unter euch; lehret und ermahnet euch selbst mit Psalmen, Lobgesängen und geistlichen Liedern; singet Gott lieblich in euren Herzen“ (Kolosser 3,16).

Einer meiner wertvollsten Lernschritte in der Nachfolge ist, daß man tatsächlich nahezu allezeit Gott loben und preisen kann. Es kann zu einem Lebensstil werden, während des Tages im Gespräch mit Jesus zu bleiben und immer ein Loblied auf den Lippen zu haben.

Trübe Gedanken und ein dankbares Herz vertragen sich nicht. Böse Worte und ein Loblied können nicht gleichzeitig über deine Lippen kommen. Entscheide dich für das Loblied! Deine Arbeit wird dir besser von der Hand gehen. Probleme wirst du durch die Gewißheit der Nähe Jesu ganz anders bewältigen können.

Laß der Sünde keinen Raum in deinem Herzen!

Wenn du Sünde vertuschst und nicht bereinigen willst, werden sich die Schwierigkeiten in deinem Leben anhäufen. Zwischen dir und Gott wird eine „Funkstille“ eintreten. „Wer seine Missetaten verheimlichen will, dem wird es nicht gelingen, wer sie aber bekennt und läßt, der wird Barmherzigkeit erlangen“ (Sprüche 28,13).

Zieh jeden Tag geistlich Bilanz. Schlafe niemals ein, ohne den Tag mit Gott und deinem Ehepartner bereinigt zu haben. Stell dich zu deinen Fehlern. Bekenne deine Schuld, und suche Gottes Vergebung.

Der Versuch mancher Christen, über ihre Verfehlungen Gras wachsen zu lassen, führt sie nur in geistliche Dürre. Es ist, als wenn eine Mauer zwischen Gott und ihnen stände.

Ich habe es mehrmals erlebt und erst dann wieder inneren Frieden gefunden, nachdem ich meine Fehler vor Gott und den betroffenen Menschen eingestanden und um Vergebung gebeten hatte.

Du siehst, es sind drei einfache Prinzipien, die aber auf dein Seelenleben einen enormen Einfluß haben. Meine Erfahrung ist, daß der Beistand des Heiligen Geistes, ausgegossen in unsere Herzen, eine wunderbare Hilfe im geistlichen Wachstum ist.

Wenn du täglich mit diesen Prinzipien lebst, wirst auch du feststellen, wie die „Frucht des Geistes" (Galater 5, 22) in deinem Leben zum Tragen kommt: Liebe, Freude, Friede, Geduld, Freundlichkeit, Gütigkeit, Treue, Sanftmut und Selbstbeherrschung!

Gerade der Mangel an diesen Verhaltensweisen hat unsere Ehen und Familien in eine Zerreißprobe gestellt. Das ist der Grund, daß eine lawinenartig ansteigende Zahl von Menschen es nicht mehr miteinander aushält.

Wenn du deine Berufung annimmst, Gottes Ratschläge befolgst und seine Kraftquellen anzapfen lernst, wirst du deinen Kindern von Anfang an die Geborgenheit und Erziehung mitgeben können, die sie brauchen, um zu ausgeglichenen und lebenstüchtigen Persönlichkeiten heranzuwachsen. Das ist es, was ich dir von Herzen wünsche!

Weitere Mühlan-Bücher:

Zwischen 12 und 17

Eberhard Mühlan behandelt Themen, für die sich Heranwachsende in diesem Alter besonders interessieren:

- körperliche und seelische Entwicklung
- Sexualität
- Beziehungen zu Eltern und Freunden
- Leitbilder
- Lebensziele

Die jugendgemäße Sprache des Autors und zahlreiche witzige Cartoons vermitteln dem Leser das Gefühl, daß er in seiner eigenständigen Entwicklung verstanden und angenommen wird.
Das Buch ist aus der Erziehungspraxis einer 14köpfigen Familie heraus entstanden.

Taschenbuch, 80 Seiten
Bestell-Nr. 15 465

Wir halten zusammen!
Wie Ehepaare Krisen bewältigen

Mit großer Offenheit berichten junge und ältere Paare in diesem Buch von ihren ehelichen Problemen: Entfremdung, mangelnde Wertschätzung und Romantik, Kommunikationsprobleme, überzogene Selbstverwirklichung, sexuelle Schwierigkeiten, seelische Verletzungen aus der Vergangenheit u.a. Die Ehepaare schildern, mit welchen Lernschritten und Glaubenserfahrungen sie die Krisen bewältigten und zu einem harmonischen Eheleben fanden.
Bemerkenswert ist, daß die meisten dieser Ehepartner nicht mehr zusammenleben würden, hätten sie nicht zum lebendigen Glauben an Jesus Christus gefunden.
Im letzten Teil wertet der Autor die Berichte aus, umreißt die Gefahren, die aus der ehelichen Treue locken können, und zeigt dem Leser eine mutmachende Strategie, um ein Leben lang in den eigenen Ehepartner verliebt zu bleiben.
Das Buch wendet sich nicht nur an Paare, die Ehekrisen überwinden oder möglichst von vornherein vermeiden wollen. Es ist auch für Menschen geschrieben, die vor der Ehe stehen, denn viele Fehler, die später das Zusammenleben belasten würden, lassen sich vermeiden – wenn man die Warnsignale rechtzeitig erkennt und entsprechend handelt!

Paperback, 192 Seiten
Bestell-Nr. 15 082

Kinder in der Zerreißprobe
Der anti-christliche Angriff auf die Familie

Freunde, Kindergarten, Schule, Zeitschriften, Kino und Fernsehen sind neben der Familie die wichtigsten Faktoren, die unsere Kinder und Jugendlichen prägen. Eberhard Mühlan untersucht die Einflüsse, die auf die nachfolgenden Generationen einstürmen. Und er weist nach, welch negative Denkweisen unserer Jugend offen oder versteckt nahegebracht werden. In einem eindringlichen Plädoyer fordert der Autor die Eltern auf, ihren Erziehungsauftrag mit ganzem Ernst wahrzunehmen und den folgenschweren Tendenzen staatlicher Erziehungspolitik entgegenzusteuern. Praktische Ratschläge, die an der Bibel orientiert sind, ergänzen die Analyse. Damit wird das Buch für Eltern, Erzieher, Seelsorger und Gemeindemitarbeiter zu einem wertvollen Ratgeber im Umgang mit Kindern und Jugendlichen.

Ehe und Familie in der Zerreißprobe
Der anti-christliche Angriff auf die Ehe

Ohne zu übertreiben kommt der Autor zu dem Schluß, daß Ehen und Familien in der Bundesrepublik in die Krise geraten sind. Allgemeine Kinderfeindlichkeit, Abtreibungsrekorde, die von der Allgemeinheit finanziert werden, ständig steigende Scheidungsraten, besorgniserregende Entwicklungen des staatlichen Erziehungssystems – dies sind unter anderem die Symptome einer gefährlich erkrankten Gesellschaft.
Eberhard Mühlan weist nach, daß alles so kommen mußte. Ausgelöst wurde der erdrutschartige Wandel der Werte durch die Aufklärung, durch emanzipatorische Pädagogik, durch Ideologien, die den Ideologen, aber nicht den Menschen dienen. Vorhergesagt wurde dieser Wandel und seine schrecklichen Konsequenzen in den Endzeitprophetien der Bibel.
Und in diesem Buch findet der Autor auch die Lösung! Nur die Hinwendung zu dem gnädigen und liebenden Gott wird die Flut des moralischen Verfalls wenigstens eindämmen können. Nur Menschen, die nach biblischen Werten leben, werden sich in einer schlimmer werdenden Zeit behaupten können.

Menschenskinder

Zwölf Kinder, davon sechs angenommene, erfordern ein klares Erziehungskonzept. Die Mühlans haben es in der Bibel gefunden und können es zur Nachahmung empfehlen. Dieses Buch ist für Praktiker geschrieben. Es gibt Anregungen und Hinweise für den oft konfliktreichen Familienalltag. Die Autoren formulieren eine klare Absage an emanzipatorische Pädagogik und antiautoritäre Erziehung. Sie haben den Wert gewisser Familienregeln erprobt und für alle Beteiligten als Vorteil erkannt.
Ein Plädoyer für die Familie als Keimzelle und stärksten Stützpfeiler der Gesellschaft.

Paperback, 144 Seiten
Bestell-Nr. 15 347